U0569527

中国证券监管权的行使与制约研究

柯湘 著

知识产权出版社
全国百佳图书出版单位

图书在版编目（CIP）数据

中国证券监管权的行使与制约研究／柯湘著．—北京：
知识产权出版社，2015.1
ISBN 978 - 7 - 5130 - 3262 - 9

Ⅰ.①中… Ⅱ.①柯… Ⅲ.①证券市场 – 市场监管 –
研究 – 中国 Ⅳ.①F832.51

中国版本图书馆 CIP 数据核字（2015）第 002024 号

责任编辑：刘　江　　　　　　责任校对：董志英
封面设计：张国仓　　　　　　责任出版：刘译文

中国证券监管权的行使与制约研究

Zhongguo Zhengquan Jianguanquan de Xingshi yu Zhiyue Yanjiu

柯　湘　著

出版发行：	知识产权出版社 有限责任公司	网　　址：	http://www.ipph.cn
社　　址：	北京市海淀区马甸南村 1 号	邮　　编：	100088
责编电话：	010 – 82000860 转 8344	责编邮箱：	liujiang@cnipr.com
发行电话：	010 – 82000860 转 8101/8102	发行传真：	010 – 82000893/82005070/82000270
印　　刷：	保定市中画美凯印刷有限公司	经　　销：	各大网上书店、新华书店及相关专业书店
开　　本：	720mm×960mm　1/16	印　　张：	17
版　　次：	2015 年 1 月第一版	印　　次：	2015 年 1 月第一次印刷
字　　数：	202 千字	定　　价：	42.00 元
ISBN 978 - 7 - 5130 - 3262 - 9			

出版权专有　侵权必究
如有印装质量问题，本社负责调换。

目　　录

下篇　以证券交易所为代表的自律机构证券
监管权：困境、规范、发展

导　言

一、研究问题与研究意义

本书着眼于中国证券市场监管权的行使及其制约机制问题的研究。

证券市场是现代经济中的重要组成部分，是市场经济配置资源的重要途径之一。中华人民共和国的证券市场从无到有，经过 20 多年的发展，在我国发挥着越来越重要的作用。截至 2014 年 6 月底，中国大陆境内共有上市公司 2 540 家，投资者开设的有效证券账户总数达 13 505. 42 万户，沪深两市股票总市值达 244 129. 67 亿元，相当于我国 2013 年 GDP 的 42. 9% 。证券市场对我国经济发展发挥的重要作用和将来的重要地位已经得到党和政府的高度肯定。

然而，在强调证券市场重要性的同时，不可否认的是，证券市场是一个具有高度风险性的市场，放任自由的证券市场已被历史证明是不可取的，政府之"手"的适度介入，无论在实践界还是理论界都已成为共识。英国 1697 年颁布的《抑制不正当证券买卖防止投机风潮法案》被视为证券市场管理制度诞生的标志，自此以后，证券监管制度就进入理论界的研究视野。然而，对证券监管机构的性质、执法权限、执法约束机制及被监管者的救济机制的研究则是在 20 世纪 40 年代前后才引起理论界的关注。1934 年，美国联邦证券交易委员会（Scurities and Exchange Commission，SEC）根据《证券交易法》设立，该组织是一个被美国国会立法直接赋予证券监管权的独立监管机构，行使立法、行政、司法三种权力。自此，美国证券市场从强调自律监管转变为强调政府监管，而对政府监管的强调必然带来公权力对原有私权利和私域的渗透，这就使"如何制约监管者"的问题越来越受到人们的关注，1946 年《美国联邦行政程序法》的出台可以说就是公众对包括 SEC 在内的独立监管机构的权力缺乏有效约束的一个反应。此外，1934 年《证券交易法》颁布之前，美国的证券交易所历来被视为"国家法律中的私人组织"，其行为不受宪法所确立的正当程序原则之约束。但是该法颁布之后，证券交易所日益承担着执行联邦证券法律、维护市场秩序、保护投资者利益之职责，于是证券交易所是否属于政府代理人、其行为是否受正当程序的约束等问题都引起了理论界与实务界的关注与争议。

证券市场管理制度虽然最早产生于英国，但美国的证券市场及其监管制度却是当代各国中最成熟的。《证券交易法》《美国联邦行政程序法》《内幕交易处罚法》《证券执法救济和垃圾股改革法》《全国证券市场改进法》《萨班斯－奥克斯利法》以及 SEC 的行为规范、美国联邦法院的众多案例共同建立起 SEC 及证券交易所等自律机构监管美国证券市场的保障和约束机制。美国法律界对美国证券市场监管的研究不少，但从行政法角度系统研究证券监管机构及其监管权行使和约束机制的却不多见，已有的文献主要限于对证券监管机构某一行为的研究。在笔者的阅读范围内，路易斯·洛斯（Louis Loss）和乔尔·塞利格曼（Joel Seligman）的研究可以算是其中的较为出色者，他们在《证券监管》一书中，专门开辟了"SEC的行政法"一章，对 SEC 的调查程序、准司法程序、制定法的救济、规则制订、保密处理等内容进行了剖析。至于其他国家，在笔者阅读的中英文文献范围内，也鲜见相关领域的研究成果。在我国，由于证券市场仍处于新兴发展阶段，故目前法学界对证券市场的监管之研究多着眼于如何规制证券市场主体的行为，而忽视对证券市场监管者的权力行使及其制约的研究，相关研究成果凤毛麟角。从形式上看，我国目前的相关研究成果主要为论文，著作仅有马洪雨的《论政府证券监管权》和吴伟央的《证券交易所自律管理的正当程序研究》，但前者主要关注中国证监会的监管权行使之制约，而后者仅从正当程序角度关注证券交易所的自律管理权力之制约；从内容上看，现有的研究成果主要是介绍国外的证券监管机构的执法或立法约束机制，如马江河和马志刚的《美国 SEC 行政执法机制研究》、高基生的《德国证券市场行政执法机制研究》，有少部分成果涉及对我国证券监管的体制、机构的性质、监管权的配置、某一具体行政行为以及对证券监管权的司法监督的分析，如董炯和彭冰的《公法视野下中国证券管制体制的演进》、吴越和马洪雨的《证监会与证券交易所监管权配置实证分析》、卢文道的《我国证券市场行政许可制度之重构》以及徐明和卢文道的《证券交易所自律管理侵权诉讼司法政策——以中美判例为中心的分析》《证券交易所业务规则法律效力与司法审查》，仅有个别对证券监管权的制约进行了高屋建瓴式的阐述，如高西庆的《论证券监管权——中国证券监管权的依法行使及其机制性制约》；从研究人员上看，较有价值的研究成果主要来自实践部门。

　　笔者认为，在如何监管这一问题上，除了传统研究中关注的以被监管对象之行为为核心的制度建构和完善外，证券监管机构监管权力的行使之合法性、正当性及对监管权力的约束也应及时受到学界的重视。这不但是依法行政的要求，而且对于我国证券市场的管理、证券市场风险的防范具有十分重要的现实意义。同时，证券市场领域的高度专业性、复杂性、交易要素的特殊性，决定了证券市场监管权之行使相比于其他领域的特殊性，这就凸显了专门研究证券市场监管权行使及其制约机制的必要性。然而，与现实需求不相适应的是，我国在这一领域的研究成果不尽人意。现有研究成果主要停留在介绍国外有关制度的阶段，结合我国实际情况进行专题研究的寥寥无几，更谈不上系统的研究。因此，本书的研究将在一定程度上弥补该领域研究的不足。

二、本书结构

本书除导言和余论外，共分为上、中、下篇：上篇主要对我国的证券市场监管权之配置进行全景式的介绍，并分析其存在的问题和成因，继而提出解决问题的思路；中篇主要是对我国证券市场最重要的监管机构——中国证监会在行使证券监管权过程中存在的权力失范问题进行阐述，并提出解决其权力失范问题的建议，此部分的分析涵盖最常见的中国证监会的五种行政行为——行政立法、行政许可、行政调查、行政处罚及非行政处罚性监管措施。此外，还对一个法定的特殊机构——中国证监会发行审核委员会的法律地位及运作机制存在的问题进行了分析，以期对中国证监会的权力失范问题进行更全面的了解；下篇则以证券交易所为代表，对我国证券市场的另一重要监管主体——自律机构的证券监管权存在的问题予以研究，主要关注其监管权力的来源、监管权行使过程存在的问题、对证券交易所证券监管权的司法监督以及未来证券交易所公司化后对其的监管模式选择，阐释证券交易所因其自律机构和监管机构双重角色而产生的困境并尝试性地指明出路。

上篇　中国证券市场监管权配置：
　一个全景式了解

中国证券市场监管权配置：
问题、成因、出路

一、引　言

世界交易所联合组织（World Federation of Exchanges，WFE）在 2004 年对其成员作了一项问卷调查，主要关注各成员交易所实际上履行的职能、这些职能在多大程度上与政府监管部门或监管服务提供部门分享，并确定这些监管的成本。80% 的成员对问卷进行了反馈，包括纽约证券交易所、美国纳斯达克交易所、伦敦证券交易所、东京证券交易所、香港联交所等发达证券市场的交易所以及上海证券交易所、深圳证券交易所、新加坡证券交易所、印度国民交易所和菲律宾证券交易所等新兴证券市场的交易所。在此项调查中，许多交易所表达了应该减少政府和交易所的重复监管的观点，一些交易所抱怨政府部门和交易所之间的责任没有一个明确的界定，不同机构之间需要更多的协调和透明度。❶ 以此看来，证券市场监管权如何进行有效的配置，以便减少监管成本和被监管对象的守法成本，

---

❶ World Federation of Exchanges（WFE）："regulation of markets survey 2004"，载 http：//www. world – exchanges. org/reports/studies – and – surveys/survey – regulation – markets – 2004.

是一个世界性的难题。本部分试图在对中国现行证券市场监管权的配置进行实证分析的基础上，提出这一世界性难题的中国解答。

始于 2007 年的金融危机发生后，各国应对危机的政策和变革粉墨登场，其中不乏对监管权予以重配的改革措施，其中最引人注目的是英国的改革。为检讨英国没有及时预测到这场危机以及在这场危机中未能充分应对的过失，英国通过了《2012 年金融服务法》，对《1998 年英格兰银行法》《2000 年金融服务与市场法》《2009 年银行法》和《2006 年公司法》第 785 部分进行修正，并建立起"双峰"金融监管体制，原来的唯一超级金融监管机构金融服务管理局（FSA）的职责被两个于 2013 年 4 月 1 日起正式成立的新机构——专注于金融业务及行为监管的金融行为监管局（Financial Conduct Authority，FCA）以及作为英格兰下属机构的专注于金融机构审慎监管的审慎监管局（Prudential Regulation Authority，PRA）承接。此外，还在英格兰银行内部成立监督和应对系统性风险的宏观谨慎监管机构金融政策委员会（Financial Policy Committee，FPC）。

中国近几年证券监管权的改革也动作频频，行政审批制度改革是其中的亮点之一。在 2012 年 10 月出台的《国务院关于第六批取消和调整行政审批项目的决定》中，涉及取消和调整中国证监会的行政审批事项就达 35 项，数量位居国务院部门的首位。2013 年和 2014 年 1 月，国务院又分别取消了中国证监会的 2 项和 3 项行政审批事项。至此，自 2001 年行政审批制度改革工作全面启动至今，证监会已分 8 批累计取消 141 项行政审批项目，部分取消的行政审批项目涉及的管理事项转由证券交易所、中国证券业协会等自律机构负责。中国共产党十八届三中全会通过的《中共中央关于全面深化改革若干重大问题的决定》中明确提出"推进股票发行注册制改革"，标志着新股发行注册制的实施渐行渐近。在 2014 年 3 月发布的《国务院关于进一步优化企业兼并重组市场环境的意见》中，国务院又提出要取消上市公司收购报告书事前审核、取消除了借壳上市之外上市公司重大资产重组行为的审批及取消上市公司要约收购义务豁免的部分情形的审批。整个中国证券市场弥漫着"山雨欲来风满楼"的大变局前夕之气息，中国证券监管权的变革正处在一个新的十字路口，未来的变革急需一个方向性指引。

二、域外关于证券市场监管权配置的三种主要模式

美国学者斯塔夫罗斯·格丁尼斯（Stavros Gadinis）和豪威尔 E. 杰克逊（Howell E. Jackson）在对世界上证券市场比较发达的八个国家和地区的证券监管权配置情况进行调查后发现，这八个国家和地区存在三种明显不同的对证券市场监管权予以分配的模式：政府主导模式、灵活模式和合作模式。❶

（一）政府主导模式

政府主导模式的代表性国家有法国、德国和日本。这一模式与其他两种模式相比，法律倾向于要求中央政府机构更多地介入证券市场的监管，而自律机构的权力则被具体明确地予以界定且限定在必要的范围之内，自律机构监管权力的行使经常还需取得政府机构的许可。该模式的特点具体表现为：（1）立法对自律机构的授权是碎片化的，是问题指向的（issue-specific），即每一授权

---

❶ Stavros Gadinis, Howell E. Jackson: Markets as Regulators: a Survey, *Southern California Law Review*, 2007 (80): 1239~1382.

都是针对某一特定问题的解决，而不是一个整体性的授权，没有明确被授予自律机构的权力将被视为属于政府机构。（2）这一模式中典型的属于自律机构的权力包括决定招股书的披露要求、制定上市要求及持续信息披露要求、制定交易规则和制定结算程序，然而这些权力的行使经常会受到政府机构的干预，如立法和政府机构制定的行政法规和规章中会对发行人可以进行公开融资的条件以及招股书的必备内容予以规定，而且自律机构行使上述权力时还将受到政府机构的监管。（3）在政府机构和自律机构的权力重合之处，政府机构的权力优先于自律机构的权力，主要体现在自律机构制定的规则需获得政府机构的批准、政府机构有权推翻自律机构的决定（如可以推翻交易所关于上市或退市的决定）以及自律机构制定规则和执法的角色相对于政府机构是第二位的（如自律机构更倾向于去执行政府机构的规定而不是自行创设规则、执法时借力于政府机构如只剥夺那些已经成为政府机构调查目标的发行人的上市资格）。（4）中央政府通过直接或间接的途径对自律机构施加影响，例如批准自律机构的成立、拥有对自律机构董事会或重要成员的任命权等。

（二）灵活模式

灵活模式的代表性国家和地区为英国、澳大利亚和中国香港特别行政区。这一模式的监管哲学是确保市场参与者在履行自身义务之同时尽可能给予其对自身活动的话语权，但这并不意味着以牺牲严格和明确的监管目标为代价，相反，这一模式中的监管目标和执法行动要比政府主导模式强大得多。然而，就如何实现监管目标，这一模式中的被监管者经常可以通过与监管者或享有监管权的自律机构的沟通来寻求解决之道。此外，这些国家和地区通过指南而不是规定的形式制定规则以及限定中央政府在具体管理和执法阶段的介入来达致灵活性。这一模式的特点具体表现为：（1）政府机构、监管者（如英国现在的 FCA）及自律机构的核心权责被明确界定和划分，且这一模式更支持市场和行业在监管政策和执法中的话语权。除了享有政府主导模式下自律机构享有的权力外，灵活模式下的自律机构享有更广泛的权力，例如对交易所会员的监管、对交易场所自身的监管等，而且其中的许多权力是属于自律机构独享的排他性权力。（2）施加于自律机构的行政过程约束比较有限，例如在英国和澳大利亚，交易所规则一般无须取得当地政府机构的同意就可以生效。（3）这一模式中的监管者在监管过程中采取的是一种"非侵入性"（nonintrusive）的路径，这一点在规则制定过程中体现得更为明显。例如相关的法律颁布后，这一模式下的监管者也会如同其他模式下的监管者一样制定一些实施细则以便使立法得以更好地实施，但在这一过程中，这一模式下的监管者制定的会是"指导性"的细则而非规范性的细则，使用的是"最好的作法"的用语而非义务性的用语。而如出现不符合监管者指引的行为，大多数情况下监管者也不会威胁给予制裁，而是要求被监管者向公众披露该不符合指引的行为及作出该行为的原因，让市场自行判断该行为的正确性。（4）一方面，就证券法的实施与执行，监管者从中央政府处获得更多的独立性和灵活性，中央政府在证券市场运作方面保留的主要权力为批准新交易所和结算机构的成立，虽然中央政府对监管者运作的影响可通过对监管者的主要成员的任命来间接实现，但除此之外没有其他影响监管者决定的途径。另一方面，中央政府保留着较多的规则制定权，包括保留在政府主导模式下由监管者拥有的实施细则制定权。但由于监管者对证券法的实施和执行拥有排他性的权力，因而他们以指引形式出现的对中央政府制定的规则的解释支配了监管的全过程。因此，即便中央政府是原始规则的制定者，但监管者在实践中仍然掌握着如何实施这些规则的有效工具。

（三）合作模式

这种模式的代表性国家为美国和加拿大。这一模式与灵活模式相比最大的特点是在赋予自律机构广泛的权力之同时亦使其肩负在公平和有效运作证券市场方面的广泛责任。在这一模式下，自律机构在几乎所有证券市场监管方面都扮演一定的角色，自律机构在投入大量的资源支持监管者的工作之同时也致力于其自身的独立监管活动。中央政府在监管中扮演的角色非常有限，而监管者（如美国SEC）则在市场监管中担负着非常重要的责任，在采取独立执法行动之外也经常与自律机构分享管辖权。与政府主导模式中授予自律机构非常有限的特定权力和灵活模式中授予自律机构广泛的权力不同，合作模式中的监管者更倾向于就监管责任的边界甚至是监管要求的内容与自律机构保持经常性的对话。这一模式的特点具体表现为：（1）立法并不试图在监管者和自律机构划出清晰的权力界限，相反，立法者主张监管者和自律机构在几乎所有的证券市场活动方面都予以合作。虽然立法为监管者和自律机构设置了一些义务并勾勒了证券市场运作的基本框架，但监管者和自律机构在监管的功能、方式以及制裁形式方面都拥有很大的选择余地。（2）合作模式中的监管者是积极的规则制定者，对证券市场的各种活动都建章立制，而不仅仅是以指南的形式进行指引；自律机构也不仅仅充当监管者制定的规则之执行者的角色，相反他们会建立及发展他们自己的监

管项目。（3）自律机构经常通过对同一违法行为启动与监管者并行
的执法和调查程序而与监管者分享执法权，且在这一模式下，每个
专业机构都必须成为某个自律机构的成员，这种强制性的入会机制
也是自律机构在监管体系中发挥中心作用并与监管者广泛分享权力
的一个体现。（4）中央政府通过立法权以及对监管者的影响保留了
对证券市场监管的权力，对监管者的影响主要是通过任命其官员的
方式达致。

三、我国证券市场监管权配置现状——基于文本的分析

为了全面了解我国证券市场监管权的配置现状，笔者归纳了截
至 2014 年 8 月 31 日中国证监会（包括其派出机构）和证券交易所、
证券业协会在证券市场（不包括基金、期货和新三板）中行使的主
要监管权力（见表 1），从该权力配置清单中笔者归结了我国证券市
场监管权配置现状的如下几个特点。

（一）中国证监会享有全面的监管权

《中华人民共和国证券法》（以下简称《证券法》）第 7 条规定，
国务院证券监督管理机构依法对全国证券市场实行集中统一监督管
理。虽然整部法律并未明确国务院证券监督管理机构是哪家机构，
但根据 1998 年国务院办公厅发布的《中国证券监督管理委员会职能
配置、内设机构和人员编制规定》，可以确定"国务院证券监督管
理机构"指的是中国证监会。根据《证券法》第 175 条的规定，中
国证监会职责可谓涵盖了证券市场的方方面面。包括规章规则的制
定权；证券的发行、上市、交易、登记、存管、结算监督权；对证

券发行人、上市公司、证券公司、证券投资基金管理公司、证券服务机构、证券交易所、证券登记结算机构的证券业务活动的监督权；证券发行、上市和交易的信息公开情况监管权；对证券业协会的活动的监督权；对证券违法行为的查处权。

（二）自律机构享有碎片化的监管权

目前，我国的证券自律机构主要包括证券交易所、期货交易所、证券业协会、期货业协会和基金业协会。因篇幅有限，本部分仅选择证券交易所和证券业协会作为研究对象。

在我国，证券交易所和证券业协会的监管权主要来源之一是《证券法》的明确授权。根据《证券法》的规定，证券交易所主要拥有如下权力：证券上市、暂停上市、恢复上市和终止上市审核权；对证券交易的监控权；对上市公司及其相关信息披露义务人信息披露的监管权；上市规则、交易规则、会员管理规则和其他有关规则的制定权；对在证券交易所内从事证券交易的人员违反证券交易所有关交易规则的行为给予纪律处分的权力。《证券法》关于证券业协会监管权的规定则仅有 1 条：监督检查会员行为并对违反法律、行政法规或者协会章程的会员给予纪律处分。

除了《证券法》的上述授权外，证券交易所和证券业协会有相当一部分监管权还来自中国证监会制定的规章和规范性文件的授权。中国证监会对证券交易所和证券行业协会的授权主要体现在《交易所管理办法》《关于赋予中国证券业协会部分职责的决定》等规章和规范性文件中。例如，证券业协会通过中国证监会的授权取得了部分证券发行监管权（如负责对首次公开发行股票询价对象及其管理的股票配售对象进行登记备案工作）、部分证券交易监管权（如制定有关证券公司为非上市公司股份转让提供服务的规则）以及相关人员的考试和注册权（如保荐代表人注册等）。

由此可见，与中国证监会相比，我国自律机构享有的监管权总体呈"碎片化"特征，即自律机构仅行使法律或中国证监会明确授予的少数特定权力。

（三）中国证监会对自律机构的权力行使享有最终监督权

根据《证券法》的规定，中国证监会有权对证券交易所、证券业协会等自律机构的活动进行监督，其中更明确规定证券交易所的章程及其规则的制定都必须经中国证监会批准，证券交易总经理也需由中国证监会任免。中国证监会颁布的《交易所管理办法》还规定设立和解散证券交易所由中国证监会审核后报国务院批准，理事长、副理事长由中国证监会提名，总经理、副总经理由中国证监会任免，证券交易所中层干部的任免报中国证监会备案，财务、人事部门负责人的任免报中国证监会批准。《证券法》中虽然没有对证券业协会作出与证券交易所类似的上述规定，但实践中证券业协会如果没有中国证监会的同意甚至无法设立，❶ 而且根据证券业协会的章程，其非会员理事全部由中国证监会委派，会长、专职副会长由中国证监会提名，秘书长、副秘书长由中国证监会推荐，协会修改的章程也报中国证监会审查，协会终止动议须中国证监会同意。此外，对于自律机构享有的一些权力，中国证监会也有权予以直接干预，例如根据《交易所管理办法》的规定，中国证监会可以要求证

---

❶ 证券业协会的法律地位是社会团体，根据我国《社会团体登记管理条例》的规定，社会团体必须经其业务主管单位审查同意才能向民政部门提出设立申请，而证券业协会的业务主管单位无疑是中国证监会。

券交易所暂停或者恢复上市证券的交易。

由此可见，中国证监会从审查自律机构制定的章程和规则、任免自律机构的关键人员以及保留对自律机构关键权力的干涉权等方面确保了其对自律机构的最终监督权。

（四）自律机构制定的规则更多的是执行性规则而非创设性规则

从证券交易所和证券业协会制定的自律规则的内容来看，其更多的是对中国证监会已经制定的规章和规范性文件的细化或执行性规定，极少有创设性规则。例如证券交易所制定的其三个板块的《上市公司规范运作指引》中的大部分规定都是对中国证监会前期制定的《上市公司治理准则》《关于在上市公司建立独立董事制度的指导意见》等诸多规范性文件的重申。

表 1　截至 2014 年 8 月 31 日，中国证监会、证券交易所、

证券业协会主要监管权力清单

权力类型 权力内容及依据 权力归属机构	中国证监会	证券交易所	证券业协会
证券发行监管	（1）核准公开发行证券（《证券法》第10条）。 （2）对上市公司分派或者配售新股的情况进行监督（《证券法》第71条）	—	—

续表

权力归属机构 权力内容及依据 权力类型	中国证监会	证券交易所	证券业协会
证券上市监管	（1）批准证券交易所制定的上市规则（《证券法》第118条）。 （2）批准证券交易所规定的高于《证券法》规定的上市条件（《证券法》第50条第2款）。 （3）批准交易所与某些上市公司签署含有特殊条款的上市协议（《证券交易所管理办法》第52条第2款）。 （4）批准证券采用公开集中交易方式以外的方式在证券交易所上市交易（《证券法》第40条）。 （5）批准在交易所上市的新证券交易品种（《证券交易所管理办法》第13条）	（1）证券交易所依照证券法律、行政法规制定上市规则，并报中国证监会批准（《证券法》第118条）。 （2）审核证券上市交易申请（《证券法》第48条）。 （3）暂停、恢复或终止上市公司股票、公司债券上市交易（《证券法》第55～56条、第60～61条）	—
证券交易监管	（1）批准证券交易所制定的交易规则（《证券法》第118条）。 （2）交易所暂停交易的时间超过1个交易日时，应当报中国证监会备案；暂停交易的时间超过5个交易日时，应当事先报中国证监会批准；证监会有权要求证券交易	（1）制定交易规则，并报中国证监会批准（《证券法》第118条）。 （2）对证券交易实行实时监控，并按照中国证监会的要求，对异常的交易情况提出报告（《证券法》第115条第1款）。 （3）根据需要，可以	

权力类型 \ 权力内容及依据 \ 权力归属机构	中国证监会	证券交易所	证券业协会
证券交易监管	所暂停或者恢复上市证券的交易（《证券交易所管理办法》第 35 条）。 （3）接受证券交易所对出现重大异常交易情况的证券账户限制交易的备案（《证券法》第 115 条第 3 款）。 （4）要求交易所限制或者禁止特定证券投资者的证券交易行为（《证券交易所管理办法》第 36 条第 1 款）。 （5）证券交易所、证券公司、证券登记结算机构、证券服务机构及其从业人员对证券交易中发现的禁止的交易行为，应当及时向中国证监会报告（《证券法》第 84 条）。 （6）投资者及其一致行动人拥有权益的股份达到一个上市公司已发行股份的 5%时以及投资者及其一致行动人拥有权益的股份达到一个上市公司已发行股份的 5%后其拥有权益的股份占该上市公司已发行股份的比例每增加或	对出现重大异常交易情况的证券账户限制交易，并报中国证监会备案（《证券法》第 115 条第 3 款）。 （4）暂停或者恢复上市证券的交易（《证券交易所管理办法》第 35 条）。 （5）投资者及其一致行动人拥有权益的股份达到一个上市公司已发行股份的 5%时以及投资者及其一致行动人拥有权益的股份达到一个上市公司已发行股份的 5%后其拥有权益的股份占该上市公司已发行股份的比例每增加或者减少 5%时，应当在该事实发生之日起 3 日内编制权益变动报告书，向中国证监会、证券交易所提交书面报告（《证券法》第 86 条）。 （6）以协议方式收购上市公司时，达成协议后，收购人必须在 3 日内将该收购协议向中国证监会及证券交易所作出书面报	（1）制定有关证券公司为包括退市公司在内的非上市公司股份转让提供服务的规则，监督管理证券公司代办股份转让的业务活动（中国证监会《关于赋予中国证券业协会部分职责的决定》）

权力归属机构 权力内容及依据 权力类型	中国证监会	证券交易所	证券业协会
证券交易监管	者减少 5% 时，应当在该事实发生之日起 3 日内编制权益变动报告书，向中国证监会提交书面报告，抄报派出机构（《证券法》第 86 条、《上市公司收购管理办法》第 14 条）。 （7）在收购要约确定的承诺期限内，收购人需要变更收购要约的，必须事先向中国证监会及证券交易所提出报告，经中国证监会批准后，予以公告《上市公司收购管理办法》第 39 条第 2 款）。 （8）要约收购报告书所披露的基本事实发生重大变化的，收购人应当在该重大变化发生之日起 2 个工作日内，向中国证监会作出书面报告，同时抄报派出机构，抄送证券交易所（《上市公司收购管理办法》第 41 条）。	告（《证券法》第 94 条第 2 款）。 （7）收购行为完成后，收购人应当在 15 日内将收购情况报告中国证监会和证券交易所（《证券法》第 100 条）。 （8）对国家有关法律、法规、规章、政策中规定的有关证券交易的违法、违规行为，证券交易所负有发现、制止和上报的责任，并有权在职责范围内予以查处。《证券交易所管理办法》第 38 条第 2 款。 （9）对违反交易所交易规则的人员，给予纪律处分，情节严重的，撤销其资格，禁止其入场交易（《证券法》第 121 条）；对属于证监会处罚的，交易所可以向证监会提出处罚意见（《证券交易所管理办法》第 99 条）	

权力类型 \ 权力内容及依据 \ 权力归属机构	中国证监会	证券交易所	证券业协会
证券交易监管	（9）以协议方式收购上市公司时，达成协议后，收购人必须在3日内将该收购协议向中国证监会及证券交易所作出书面报告（《证券法》第94条第2款）。 （10）豁免要约收购义务（《证券法》第96条第1款）。 （11）收购行为完成后，收购人应当在15日内将收购情况报告中国证监会和证券交易所（《证券法》第100条）。 （12）违法行为属于证监会处罚的，由证监会处罚；证监会可以要求证券交易所对其会员、上市公司进行处罚（《证券交易所管理办法》第99条）		

续表

权力归属机构 / 权力内容及依据 / 权力类型	中国证监会	证券交易所	证券业协会
会员监管 —— 制定规则方面	（1）批准证券交易所制定的会员管理规则（《证券法》第118条）	（1）证券交易所依照证券法律、行政法规制定会员管理规则和其他有关规则，并报中国证监会批准（《证券法》第118条）	（1）制定会员应遵守的规则（《证券法》第176条）。（2）负责与证券公司相关的行业公共标准的起草与维护工作（中国证监会《关于赋予中国证券业协会部分职责的决定》）
会员监管 —— 会员资格管理方面	（1）接受证券交易所接纳或开除会员与特别会员的备案（《证券交易所管理办法》第42条）	（1）决定接纳或开除会员与特别会员（《证券交易所管理办法》第41条）	（1）接纳、管理、处分会员（中国证券业协会《中国证券业协会会员管理办法》）
会员监管 —— 席位管理方面	—	（1）审批会员间席位转让，普通席位与B股席位的设置与管理（《证券交易所管理办法》第44条、《深交所会员管理规则》《上交所会员管理规则》）	—

续表

权力归属机构 权力内容及依据 权力类型	中国证监会	证券交易所	证券业协会
会员监管	公司设立、业务、内部风险控制及公司治理监管方面	（1）批准证券公司设立（《证券法》第128条）。 （2）批准证券公司设立、收购或者撤销分支机构，变更业务范围，增加注册资本且股权结构发生重大调整，减少注册资本，变更持有5%以上股权的股东、实际控制人，变更公司章程中的重要条款，合并、分立、停业、解散、破产，证券公司在境外设立、收购或者参股证券经营机构（《证券法》第129条）。 （3）批准证券公司为客户买卖证券提供融资融券服务（《证券法》第142条）。	（1）会员取得证券资产管理业务资格的，应当自取得之日起3个工作日内向交易所报告；会员开设资产管理账户的，应当自开户之日起3个工作日内向交易所备案（深沪交易所《会员管理规则》第四章）。 （2）会员证券自营及资产管理等交易业务中出现异常交易行为的，应当及时向交易所报告；会员的交易及相关系统出现重大故障或者其他因素影响证券市场交易的，应当立即采取有效措施，并及时向交易所报告（深沪交易所《会员管理规则》第四章）。 （3）批准会员在本所从事自营业务、证券代理业务和证券交易所规定的其他业务（中国证监会《关于加强证券交易所会员管理的通知》）。 （4）接受证券公司关于将其管理的客户资产投资于本公司及与	（1）受理证券经营机构作为主承销商从事股票承销业务报送的备案材料（中国证监会《关于赋予中国证券业协会部分职责的决定》）。 （2）制定行业自律规则，规范证券公司股票承销业务竞争行为（《中国证券监督管理委员会关于赋予中国证券业协会部分职责的决定》）。 （3）监督会员依法履行公告义务（《中国证券监督管理委员会关于赋予中国证券业协会部分职责的决定》）。 （4）受理证券公司发起设立的集合资产管理计划的发起设立情况的备

续表

权力归属机构 权力内容及依据 权力类型	中国证监会	证券交易所	证券业协会
会员监管	公司设立、业务、内部风险控制及公司治理监管方面	(4) 批准证券公司从事客户资产管理业务资格（《证券公司客户资产管理业务管理办法》第4条）。 (5) 接受证券公司变更持有 5% 以下股权的股东报备（《证券公司监督管理条例》第 10 条第 2 款）。 (6) 上市保荐资格的审核、保荐机构资格注册（《证券法》第 11 条、《证券发行上市保荐业务管理办法》）。 (7) 批准证券公司使用多个客户的资产进行集合投资，或者使用客户资产专项投资于特定目标产品（《证券公司监督管理条例》第 47 条第 1 款）。	本公司有关联方关系的公司发行的证券或承销期内承销的证券或者从事其他重大关联交易的报告（《证券公司客户资产管理业务管理办法》第 29 条）。 (5) 受理证券公司专用证券账户的办理、注销或者转换为客户普通证券账户的备案（《证券公司定向资产管理业务实施细则》第 20 条第 3 款、第 22 条第 3 款）。 (6) 对会员的证券自营业务实施下列监管：要求会员的自营买卖业务必须使用专门的股票账户和资金账户并采取技术手段严格管理；检查开设自营账户的会员是否具备规定的自营资格；要求会员按月编制库存证券报表，并于次月 5 日前报送证券交易所；对自营业务规定具体的风险控制措施，并报证监会备案；每年 6 月 30 日和 12 月 31 日过后的 30 日内向证监会	案（《证券公司客户资产管理业务管理办法》第 17 条）。 (5) 制定集合资产管理计划估值的具体规定（《证券公司客户资产管理业务管理办法》第 20 条）。 (6) 受理证券公司按季编制的资产管理业务的报告（《证券公司客户资产管理业务管理办法》第 51 条第 2 款）。 (7) 接受证券公司定向资产管理业务年度报告的备案（《证券公司定向资产管理业务实施细则》第 46 条）。 (8) 制定证券公司与客户签订证券交易委托、证券资产管理、融资融

权力归属机构 权力内容及依据 权力类型	中国证监会	证券交易所	证券业协会
会员监管	公司设立、业务、内部风险控制及公司治理监管方面	（8）交易所对会员遵守国家有关法规和证券交易所业务规则等情况进行年度检查，并将检查结果报中国证监会（《证券交易所管理办法》第47条） （9）证券业协会制定的证券公司与客户签订证券交易委托、证券资产管理、融资融券等业务合同的必备条款和风险揭示书的标准格式报中国证监会备案（《证券公司监督管理条例》第30条）。 （10）证监会对证券公司的业务规模的比例和风险控制指标作出规定，上述指标发生重大变化或无法达到时，证券公司	报送各家会员截至该日的证券自营业务情况（《证券交易所管理办法》第45条）。 （7）制定会员与客户所应签订的代理协议的格式并检查其内容的合法性；规定接受客户委托的程序和责任，并定期抽查执行客户委托的情况；要求会员每月过后5日内就其交易业务和客户投诉等情况提交报告（《证券交易所管理办法》第46条）。 （8）证券公司为证券资产管理客户开立的证券账户，应当自开户之日起3个交易日内报证券交易所备案（《证券公司监督管理条例》第28条第2款）。 （9）证券公司的证券自营账户，应当自开户之日起3个交易日内报证券交易所备案（《证券公司监督管理条例》第42条第2款）。 （10）会员应当向证券交易所履行定期报告和重大事项变更报	券等业务合同的必备条款和风险揭示书的标准格式（《证券公司监督管理条例》第30条）。 （9）证券公司从事定向资产管理业务，应当建立健全投资决策、公平交易、会计核算、风险控制、合规管理等制度报中国证券业协会备案（《证券公司定向资产管理业务实施细则》第36条）。 （10）负责证券公司专业评价工作的组织实施（《证券公司专业评价实施办法（试行）》）。 （11）证券公司应当建立公平交易制度及异常交易日常

权力类型 \ 权力内容及依据 \ 权力归属机构	中国证监会	证券交易所	证券业协会
会员监管	公司设立、业务、内部风险控制及公司治理监管方面	必须及时向证监会报告（《证券法》第 130 条）。 （11）证监会有权要求证券公司及其股东、实际控制人提供资料，并认为必要时委托相关机构对证券公司进行审计或评估，有权进行检查和调查（《证券法》第 148～149 条）。 （12）对证券公司的内部治理事项作出规定（《证券公司监督管理条例》第三章）。 （13）核准证券公司的董事、监事、高级管理人员任职资格（《证券法》第 131 条）。 （14）证券公司应当按照规定向中国证监会报送业务、	告义务（深沪交易所《会员管理规则》第五章）。 （11）对会员交易权限实施管理（深沪交易所《会员管理规则》第二章）。 （12）根据监管需要，采用现场和非现场的方式对会员证券业务活动中的风险管理、交易及相关系统安全运行等情况进行监督检查（深沪交易所《所会员管理规则》第六章）。 （13）证券公司可以向客户融出的证券和融出资金可以买入证券的种类、可充抵保证金的有价证券的种类和折算率、融资融券的期限、最低维持担保比例和补交差额的期限，由证券交易所规定（《证券公司监督管理条例》第 55 条第 2 款）。 （14）对会员财务状况、内部风险控制制度以及遵守国家有关法规和证券交易所业务规则等情况进行年度检查，并将检查结	监控机制，公平对待所管理的不同资产，对不同投资组合之间发生的同向交易和反向交易进行监控，并定期向中国证券业协会报告（《证券公司客户资产管理业务管理办法》第 45 条）。 （12）证券公司进行年度审计，应当同时对客户资产管理业务的运营情况进行审计，并要求会计师事务所就各集合资产管理计划出具单项审计意见。证券公司应当将审计结果报中国证券业协会备案（《证券公司客户资产管理业务管理办法》第 53 条）。 （13）建立对

权力类型 \ 权力内容及依据 \ 权力归属机构	中国证监会	证券交易所	证券业协会
会员监管	公司设立、业务、内部风险控制及公司治理监管方面	财务等经营管理信息和资料,中国证监会有权要求证券公司及其股东、实际控制人在指定的期限内提供有关信息、资料(《证券法》第148条第1款)。(15)交易所对会员财务状况、内部风险控制制度以及遵守国家有关法规和证券交易所业务规则等情况进行年度检查,并将检查结果报中国证监会(《证券交易所管理办法》第47条)。(16)证券公司的净资本或者其他风险控制指标不符合规定的,中国证监会应当责令其限期改正;逾期未改正,或者其行	果报中国证监会(《证券交易所管理办法》第47条)。(15)会员受到国家有关管理部门处罚、业务发生重大变化或发生严重亏损、涉及重大诉讼或仲裁事项、公司章程变化等重大事项应及时报告证券交易所(《中国证监会关于加强证券交易所会员管理的通知》)。(16)对存在或者可能存在问题的会员,可以根据需要采取警示、专项调查等监管措施(沪深交易所《会员管理规则》)	承销商询价、定价、配售行为和网下投资者报价行为的日常监管制度,建立对网下投资者和承销商的跟踪分析和评价体系,并根据评价结果采取奖惩措施(《证券发行与承销管理办法》第36条)。(14)制定资产支持证券合格投资者的具体标准(《证券公司资产证券化业务管理规定》第34条第2款)。(15)接受证券公司签订的定向资产管理合同及其重要变更或补充的备案(《证券公司定向资产管理业务实施细则》第45条)

权力类型 \ 权力内容及依据 \ 权力归属机构	中国证监会	证券交易所	证券业协会
会员监管	公司设立、业务、内部风险控制及公司治理监管方面	为严重危及该证券公司的稳健运行、损害客户合法权益的，采取监管措施（《证券法》第150条）。 （17）对证券公司的股东有虚假出资、抽逃出资行为的，责令其限期改正，并可责令其转让所持证券公司的股权。在股东按照要求改正违法行为、转让所持证券公司的股权前，可以限制其股东权利（《证券法》第151条）。 （18）证券公司的董事、监事、高级管理人员未能勤勉尽责，致使证券公司存在重大违法违规行为或者重大风险的，中国证监会可以撤销	—	—

续表

权力归属机构 权力内容及依据 权力类型	中国证监会	证券交易所	证券业协会
会员监管	公司设立、业务、内部风险控制及公司治理监管方面	其任职资格,并责令公司予以更换(《证券法》第152条)。(19)证券公司违法经营或者出现重大风险,严重危害证券市场秩序、损害投资者利益的,可以对该证券公司采取责令停业整顿、指定其他机构托管、接管或者撤销等监管措施(《证券法》第153条)。(20)证券公司应当建立公平交易制度及异常交易日常监控机制,公平对待所管理的不同资产,对不同投资组合之间发生的同向交易和反向交易进行监控,并定期向证券公司住所地、资产管理分公司所在地	—	—

权力归属机构 权力内容及依据 权力类型	中国证监会	证券交易所	证券业协会
会员监管	公司设立、业务、内部风险控制及公司治理监管方面	中国证监会派出机构报告（《证券公司客户资产管理业务管理办法》第45条）。 （21）证券公司应当按季编制资产管理业务的报告，抄送证券公司住所地、资产管理分公司所在地中国证监会派出机构（《证券公司客户资产管理业务管理办法》第51条第2款）。 （22）证券公司进行年度审计，应当同时对客户资产管理业务的运营情况进行审计，并要求会计师事务所就各集合资产管理计划出具单项审计意见。证券公司应当将审计结果抄送证券公司住	—	—

续表

权力归属机构 / 权力内容及依据 / 权力类型	中国证监会	证券交易所	证券业协会
会员监管	公司设立、业务、内部风险控制及公司治理监管方面	所地、资产管理分公司所在地中国证监会派出机构(《证券公司客户资产管理业务管理办法》第53条)。(23)中国证监会及其派出机构对证券公司、资产托管机构从事客户资产管理业务的情况,进行定期或者不定期的检查,证券公司和资产托管机构应当予以配合(《证券公司客户资产管理业务管理办法》第55条)。(24)在证券公司被责令停业整顿、被依法指定托管、接管或者清算期间,或者出现重大风险时,可以对该证券公司直接负责的董事、监事、高级管理人员和其他	—	—

续表

权力类型 \ 权力内容及依据 \ 权力归属机构		中国证监会	证券交易所	证券业协会
	公司设立、业务、内部风险控制及公司治理监管方面	直接责任人员采取通知出境管理机关依法阻止其出境、申请司法机关禁止其转移、转让或者以其他方式处分财产，或者在财产上设定其他权利等监管措施（《证券法》第153条）	—	—
会员监管	违法会员的处理方面	（1）违法行为属于证监会处罚的，由证监会处罚；证监会可以要求证券交易所对其会员进行处罚（《证券交易所管理办法》第99条）	（1）交易所在处罚权限内，对违法及违反证券交易所有关交易规则的会员及其高管进行纪律处分，对情节严重的，撤销其资格，禁止其入场进行证券交易（《证券法》第121条、《证券交易所管理办法》第99条）。 （2）按照证券交易所章程、业务规则等证券交易所可以处罚的，证券交易所有权按照有关规定予以处罚，并报证监会备案；国家有关法律、法规、规章规定由证监会处罚的，证券交易所可以向证监会提出处罚建议（《证券交易所管理办法》第99条）	（1）依法对会员违法、违规的行为进行调查，按照协会自律规则给予相应的纪律处分；需要予以行政处罚的，可以提出行政处罚建议书，移交中国证监会依法处理（《中国证券监督管理委员会关于赋予中国证券业协会部分职责的决定》）

权力类型 / 权力内容及依据 / 权力归属机构	中国证监会	证券交易所	证券业协会
上市公司重大事项的监管	(1) 批准上市公司的收购（《上市公司收购管理办法》）。 (2) 增加注册资本（《上市公司证券发行管理办法》）。 (3) 批准重大资产重组（《上市公司重大资产重组管理办法》）	—	—
上市公司监管 / 信息披露方面	(1) 中国证监会对上市公司年度报告、中期报告、临时报告以及公告的情况进行监督，对上市公司控股股东和信息披露义务人的行为进行监督（《证券法》第71条）。 (2) 规定年度报告的内容与格式（《证券法》第66条）。 (3) 上市公司信息披露事务管理制度经公司董事会审议通过后报注册	(1) 督促上市公司及相关信息披露义务人披露信息进行监督依法及时、准确地披露信息（《证券法》第115条第2款）。 (2) 复核上市公司的配股说明书、上市公告书等与募集资金及证券上市直接相关的公开说明文件，并监督上市公司按时公布。证券交易所可以要求上市公司或者上市推荐人就上述文件作出补充说明并予以公布（《证券交易所管理办法》第54条）。 (3) 督促上市公司按照规定的报告期限和证监会统一制定的	—

权力类型\权力内容及依据\权力归属机构		中国证监会	证券交易所	证券业协会
上市公司监管	信息披露方面	地证监局备案（《上市公司信息披露管理办法》第37条第2款）。 （4）中国证监会可以要求上市公司及其他信息披露义务人或者其董事、监事、高级管理人员对有关信息披露问题作出解释、说明或者提供相关资料，并要求上市公司提供保荐人或者证券服务机构的专业意见（《上市公司信息披露管理办法》第57条第1款）。 （5）信息披露义务人及其董事、监事、高级管理人员，上市公司的股东、实际控制人、收购人及其董事、监事、高级管理人员违法的，	格式，编制并公布年度报告、中期报告，并在其公布后进行检查（《证券交易所管理办法》第55条）。 （4）规定上市公司临时公告的内容与格式（沪深证券交易所《股票上市规则》）。 （5）审核上市公司编制的临时报告（《证券交易所管理办法》第56条）。 （6）上市公司信息披露事务管理制度经公司董事会审议通过后报证券交易所备案（《上市公司信息披露管理办法》第37条第2款）。 （7）证券交易所对上市公司未按规定履行信息披露义务的行为，可以按照上市协议的规定予以处理，并可以就其违反证券法规的行为提出处罚意见，报证监会予以处罚（《证券交易所管理办法》第62条）	—

续表

权力类型 权力内容及依据 权力归属机构		中国证监会	证券交易所	证券业协会
上市公司监管	信息披露方面	中国证监会可以采取监管措施或予以处罚（《证券法》第十一章）	—	—
上市公司监管	上市公司治理方面	（1）制定引导完善上市公司治理的相关规则（实践中执行，无法律依据）	（1）制定专门的治理规则（如深沪证券交易所各自制定了《上市公司内部控制指引》，上海证券交易所制定了《上市公司监事会议事示范规则》和《上市公司董事会议事示范规则》），或在其业务规则中对上市公司治理提出要求（如《股票上市规则》中对董事会秘书的要求）	—
	上市公司高管监管方面	（1）监管上市公司董事、监事、高管人员、主要股东履行证券法规定的义务（《证券法》第三、四章）	（1）通过业务规则对董事、监事、高管人员进行自律管理（沪深证券交易所《股票上市规则》第三章第一节）。（2）对独立董事的独立性进行审核（沪深证券交易所《股票上市规则》第三章第一节）	—

续表

权力类型 \ 权力内容及依据 \ 权力归属机构		中国证监会	证券交易所	证券业协会
上市公司监管	上市公司违法行为处理方面	（1）对上市公司或者其他信息披露义务人违反证券法规的行为依法予以行政处罚（《证券法》第 11 章）。（2）证监会可以要求交易所对上市公司进行处罚（《证券交易所管理办法》第 99 条）	（1）对违反上市规则、上市协议的上市公司及其人员可以采取通报批评、公开谴责等措施；依法应当由证监会处罚的，可以向证监会提出处罚建议（《证券交易所管理办法》第 99 条、深沪交易所《股票上市规则》）	—
证券服务机构监管		（1）批准投资咨询机构、财务顾问机构、资信评级机构、资产评估机构、会计师事务所从事证券服务业务（《证券法》第 169 条）	（1）依据法律、行政法规、部门规章、规范性文件、股票上市规则、证券交易所其他相关规定和中国证监会的授权，对证券服务机构及其相关人员进行监管（沪深证券交易所《股票上市规则》）	—
证券从业人员监管		（1）核准证券公司董事、监事、高级管理人员任职资格（《证券法》第 131 条）	（1）交易所对证券公司的董事、监事和高管人员依据其法律、交易所章程和业务规则进行自律管理（深沪交易所《会员管理规则》）	（1）负责证券从业人员资格的考试、认定和执业注册；证券中介机构聘任人员备案；证券从业人员改变受聘机构备案；证券从业人员

续表

权力归属机构 / 权力内容及依据 / 权力类型	中国证监会	证券交易所	证券业协会
证券从业人员监管	—	—	年检（中国证券监督管理委员会《关于赋予中国证券业协会部分职责的决定》）。 （2）投资主办人执业注册，保荐代表人注册（中国证券业协会《关于保荐代表人资格管理有关问题的通知》）。 （3）制定证券从业人员职业道德操守准则和行为规范，对证券从业人员实行自律管理（《中国证券监督管理委员会关于赋予中国证券业协会部分职责的决定》）。 （4）建立证券从业人员诚信信息管理系统，对证券从业人员诚信信息进行日常管

权力归属机构 权力内容及依据 权力类型	中国证监会	证券交易所	证券业协会
证券从业人员监管	—	—	理（《证券从业人员诚信信息管理暂行办法》）。（5）组织保荐代表人胜任能力考试（《证券发行上市保荐业务管理办法》第81条）。（6）依法对证券从业人员违法、违规的行为进行调查，按照协会自律规则给予相应的纪律处分；需要予以行政处罚的，可以提出行政处罚建议书，移交中国证监会依法处理（《中国证券监督管理委员会关于赋予中国证券业协会部分职责的决定》）

续表

权力归属机构 权力内容及依据 权力类型	中国证监会	证券交易所	证券业协会
其他	（1）批准证券交易所章程的制定和修改（《证券法》第103条第2款）。 （2）批准任免证券交易所设总经理、副总经理（《证券法》第107条、《证券交易所管理办法》第19条、第24条第1款、第25条）。 （3）批准设立证券登记结算机构（《证券法》第155条第2款）。 （4）批准证券登记结算机构章程、业务规则（《证券法》第158条第2款）。 （5）批准证券登记结算机构解散（《证券法》第165条）。 （6）接受证券业协会章程的备案（《证券法》第175条）。 （7）批准交易所动用证券交易所风险基金（《证券交易所风险基金管理暂行办法》第10条）。 （8）批准证券交易所以联网等方式为非本所上市的证券交易	—	—

权力归属机构／权力内容及依据／权力类型	中国证监会	证券交易所	证券业协会
其他	品种提供证券交易服务（《证券交易所管理办法》第 14 条）。 （9）对证券交易所理事会决议进行备案（《证券交易所管理办法》第 19 条、第 21 条第 1 款）。 （10）批准证券交易所设立普通席位以外的席位，批准证券交易所调整普通席位和普通席位以外的其他席位的数量（《证券交易所管理办法》第 43 条第 1 款）。 （11）批准证券登记结算机构的总经理、副总经理的任免（《证券交易所管理办法》第 68 条）	—	—

四、我国证券市场监管权配置存在的问题及其成因

（一）我国证券市场监管权配置存在的问题

从表 1 可看出，我国目前证券市场监管权的配置存在如下问题。

1. 中国证监会的监管权定位不清晰

虽然《证券法》授予中国证监会广泛的监管权，但中国证监会

作为中国证券市场的最高监管机构，其监管重心本应放在规划和引导证券市场发展、管理和监控证券市场的重大事项以及对重大证券违法行为予以处理上，其他一些日常的监管事项应由交易所等自律机构进行"一线"监管，以发挥其监管优势。但目前中国证监会行使的职权却不分巨细，过于宽泛而失却重心，既包括一些宏观、重大的事项（如依法制定相关规则、核准证券公司的设立及核准股票公开发行、对重大证券违法行为予以惩处等），又包括一些日常性、细节性的事项（如监管上市公司的日常信息披露）。定位的不清晰必然导致监管的低效。

2. 中国证监会与交易所的监管职能存在较为严重的交叉

职权交叉的情形主要体现在对上市公司信息披露的日常监管、对证券公司除行政许可外的日常监管以及上市公司收购的监管中。如《证券法》同时赋予中国证监会和交易所对上市公司及相关信息披露义务人披露信息进行监督的权力，而未对两机构的监管之区别予以明确，实践中，除上市公司的日常性信息披露需经过交易所审查（而不须经过中国证监会或其派出机构审查）后方能披露外，中国证监会派出机构和交易所对其管辖范围内的上市公司的信息披露之日常监管方式并无太大不同。例如均采用给每个上市公司配备专员，由专员每日关注和收集各大媒体中上市公司的信息披露或媒体对上市公司的报道、评论等，发现异常或存疑时均会询问上市公司甚至启动调查程序，上市公司如有疑难问题亦会经常同时征求交易所和中国证监会派出机构的意见或寻求帮助。又如《证券法》规定证券公司应当按照规定向中国证监会报送业务、财务等经营管理信息和资料，同时《证券交易所管理办法》又赋予交易所对会员财务状况、内部风险控制制度以及遵守国家有关法规和证券交易所业务规则等情况进行年度检查和对会员的证券自营业务实施监管等权力，显而易见，这两种权力在行使过程中必然有重叠之处。

3. 交易所与证券业协会的职能存在一定的交叉

如《证券公司监督管理条例》赋予证券业协会制定证券公司与客户签订证券交易委托、证券资产管理、融资融券等业务合同的必备条款和风险揭示书的标准格式的权力，而《证券交易所管理办法》第 46 条又规定交易所应制定会员与客户所应签订的代理协议的格式并检查其内容的合法性。

4. 自律机构异化为中国证监会的附属执行机构

目前，交易所、证券业协会等自律机构的监管权限绝大多数来自法律、行政法规、中国证监会授权立法的规定以及中国证监会的委托，自律机构的日常监管基本上是执行法定和中国证监会授予或委托的权限，其监管权中能归属于自律监管的很少，自律机构基本上异化为中国证监会的附属执行机构。

5. 中国证监会实际行使的部分职权超出了法定的范围，行使了惯例上应由自律机构行使的权力

例如，我国法律和行政法规并未赋予中国证监会拥有对上市公司治理的监管权，但中国证监会实际行使着该项权力。在证券市场成熟的主要发达国家和地区，上市公司治理并不属于政府证券监管机构的权力。例如，《美国证券法》就划出了一条"概念清晰的界限因而排除了美国证监会染指公司治理"，哥伦比亚巡回上诉法院裁定 SEC 试图规定实质性股东投票权无效；[1] 在中国香港特别行政区，

---

[1] Business Roundtable 诉证券交易委员会案，905 F. 2d 406（哥伦比亚特区巡回法院 1990），转引自［美］托马斯·李·哈森著，张学安等译：《证券法》，中国政法大学出版社 2003 年版，第 13 页。

《证券及期货条例》也并未赋予香港证监会对上市公司的治理进行监管或指引的权限，实践中制定上市公司企业管治准则及指引的权力属于香港联交所。

6. 仅考虑监管者的监管便利，未考虑被监管者守法成本，"便民""服务"的理念无从体现

不论是职能交叉之处，还是针对同一领域的不同层面、不同方式的监管，中国证监会和交易所、证券业协会都未建立信息的共享机制，导致监管者就同一事项重复下发文件、提出监管要求，被监管者重复提交同样的文件，就同一事项向不同的监管者报告，加大了被监管对象的守法成本。

（二）我国证券市场监管权配置存在问题的成因分析

笔者认为，造成我国证券市场监管配置目前存在的上述问题，原因主要有以下几个。

1. 我国证券市场的形成历史及现状特点是问题形成的根本原因

我国股票市场的监管经历了监管缺位的自发性股票发行和交易到地方政府介入监管再到中央政府建立集中统一监管体系的历程，❶1992 年设立的国务院证券委员会和中国证监会以及 1993 年国务院发布的《股票发行与交易管理暂行条例》和第八届全国人民代表大会常务委员会第五次会议通过的《公司法》，成为建立证券市场中央集中统一监管体系的最重要标志。而在中央集中统一监管体系建立前，中国证券市场的混乱局面（如 1992 年发生的中国证券史上影响深远的"8·10"股票发售事件）直接决定了中央证券监管机构被

---

❶ 这一历程的详述可参见柯湘：《中国股票公开发行监管合同的选择》，北京大学出版社 2009 年版，第 62~69 页。

定位为证券市场的全面、强势监管机构，被赋予了广泛的监管职能，甚至连证券交易所的自律法人地位最终都未能在 1999 年《证券法》中被明确。

我国集中统一的证券市场发展至今也不过 20 年的时间，仍属于新兴证券市场之列，而我国的社会、经济近 30 年来一直处于转型时期，这就决定了证券市场也必然具有"转轨"之特征。中国证券市场内外环境的变化，使得原有证券监管权力的配置格局存在被打破的可能，但一种制度机制的规模经济、技术互补性和网络外部性，使得制度变迁不可抗拒地具有不断积累和路径依赖的特性，❶ 因此，我国证券监管权力的配置近 20 年来虽然有一些变化（主要体现为更关注交易所的一线监管作用和证券业协会对证券公司的监管作用），但整体格局并未发生变动，中国证监会仍然集中几乎所有的证券监管权力，交易所、证券业协会的监管权限相当有限，且仍然被置于附属的地位。

2. 产权结构的先天不足加剧了问题的严重性

以证券交易所为例。上海证券交易所的设立动议最初来源于 1989 年在上海召开的一次金融工作会议，在会上成立了"筹建上海证券交易所三人小组"，其成员全部是上海市政府的行政官员：上海交通银行董事长李祥瑞、上海人民银行行长龚浩成、上海体改委主任贺镐声。经过当时任上海市人民银行金融行政管理处副处长尉文渊的具体筹建，终于在 1990 年 12 月 18 日成立上海证券交易所。❷ 而早在 1988 年 11 月，深圳市政府即设立了"深圳证券市场领导小

---

❶ ［美］D.C 诺斯："新制度经济学及其发展"，见孙宽平：《转轨、规制与制度选择》，社会科学文献出版社 2004 年版，第 3～10 页。

❷ 李幛喆：《终于成功：中国股市发展报告》，世界知识出版社 2001 年版，第 63～75 页。

组"，开始系统地翻译香港股市的法规和技术文件，研究股市的组织和建设问题，一年后，深圳市政府领导下的"深圳交易所筹备组"正式挂牌。1990 年 12 月 1 日，在未取得中央政府批文的情况下，深圳市领导决定交易所开业，直至次年 4 月深圳证券交易所才正式得到中央政府的批文。❶ 更值得一提的是，深交所最初的营运资金还是从深圳市政府那里借来的。❷ 由此可见，证券交易所的创设和早期运作均由地方政府进行，从这个意义上讲，上海市政府和深圳市政府分别拥有上海证券交易所和深圳证券交易所的产权。

1993 年 7 月，国务院证券委颁布的《证券交易所管理暂行办法》第 4 条规定，证券交易所由所在地的市人民政府（以下简称"所在地人民政府"）管理，由中国证监会监管。该办法在第 12 条、第 16 条、第 18 条、第 19 条和第 20 条还规定：证券交易所的业务规则由证券交易所理事会通过，报中国证监会会同证券交易所所在地人民政府批准生效，并报证券委备案；理事会是证券交易所的决策机构；会员理事由会员大会选举产生；非会员理事由证券交易所所在地人民政府会同证监会提名，会员大会选举产生；理事会设理事长 1 人，副理事长 1～2 人，或者常务理事若干人，理事长、副理事长或者常务理事由证券交易所所在地人民政府会同证监会提名，理事会选举产生，报证券委备案；交易所总经理由证券交易所所在地人民政府会同证监会提名，理事会聘任，报证券委备案；副总经理由总经理提名，理事会聘任，报证券交易所所在地人民政府和证监会备案。从上述规定可知，《证券交易所管理暂行办法》将证券

---

❶ 胡继之：《中国股市的演进与制度变迁》，经济科学出版社 1999 年版，第 97～99 页。

❷ 郑顺炎："证券交易所管理市场职能的法律性质研究"，见《上证研究法制专辑》，复旦大学出版社 2003 年版，第 48 页。

交易所的产权由地方政府独自拥有变更为由中央政府（中国证监会作为代表）和所在地人民政府共同享有，其中所在地人民政府在这一共有权力中具有优先地位。这一变更的合法性在于：中央政府运用其行政权力将深沪交易所确立为中国仅有的两大合法证券交易所，排除了其他地方证券交易场所的竞争，将其从地方证券交易所的角色转换为全国性的证券交易所，这就使深沪证券交易所实现了增值，而中央政府对其创造的这一增值部分自然有权主张权利。当然，由于深沪交易所的角色刚刚转换，这一增值部分相比起所在地人民政府之前对交易所的投资毕竟所占比例还不大，因而由所在地人民政府在这一共有产权中占据优先地位就是一种合理的配置，易为双方接受。

然而，随着证券市场的发展壮大，这一增值部分的价值越来越大，同时 1995 年发生的"3·27"国债事件显示出证券交易所的这一共有产权结构存在着极大的负外部性——从政府层面来说，证券交易市场的主要获益者是所在地人民政府（这些获益主要包括增加本地上市公司数量、增加税收以及因此而带动的地方经济的发展等），但证券市场的风险却是全国性的，而风险的主要和直接控制者却又是所在地人民政府，这必然不利于多方利益的协调及证券市场风险的控制。此外，深沪地方政府及其官员也深刻意识到巨大的利益必然伴随着巨大的风险。上述因素共同促使证券交易所的产权结构发生变化。1996 年 8 月，国务院证券委对《证券交易所管理暂行办法》进行修改并更名为《证券交易所管理办法》，该办法的第 4 条明确规定："证券交易所由证监会监督管理。"此外，该办法在第 15 条、第 21～22 条和第 24 条中还规定，证券交易所制定和修改业务规则，由证券交易所理事会通过，报证监会批准；会员理事由会员大会选举产生。非会员理事由证监会委派；理事会设理事长人，副理事长 1~2 人，理事长、副理事长由证监会提名，商证券交易所所在地人民政府后，由理事会选举产生；证券交易所设总经理 1 人，副总经理 1~3 人，总经理、副总经理由证监会提名，商证券交易所所在地人民政府后，由理事会聘任。很明显，与修改前的办法比较，证券交易所的管理权虽然仍由所在地人民政府和中央政府共同享有，但所在地人民政府在这一共有权力中的优先地位已被中央政府所取代。1996 年 10 月，中国证监会决定向两大交易所派驻督察员。1997 年 8 月，国务院决定深沪两大交易所直接由中国证监会管理，总经理由中国证监会任命，至此最终完成证券交易所的产权从所在地人民政府拥有向中央政府拥有的转换过程。1998 年颁布的《证券法》对上述转换以法律的形式予以确认。

我国现行《证券法》不再将证券交易所限定为"不以营利为目的"的法人，此种变化普遍被认为是在法律制度上为证券交易所非互助化或公司化扫除了障碍。但根据《证券法》《证券交易所管理办法》等法律和规章的规定，目前无论从理事长、总经理或其他高级管理人员的任命，还是从交易所的章程、业务规则的制定与修改之最终批准权或其经营决策权来看，尤其考虑到由于政府赋予交易所的垄断地位而给交易所带来的垄断收入，交易所的最终控制权都是属于中央政府而非会员。

由于交易所的产权属于中央政府所有，因此在日常监管中交易所实际上成为中国证监会的附属机构也就不难理解和不可避免了。交易所地位的附属性模糊化了中国证监会和交易所本应存在的监管分工，从而加剧了中国证监会定位不清晰、中国证监会与交易所监管职能交叉等问题。

3. 自治基础的缺失是问题解决动力不足的一个重要原因

任何自律组织的产生前提必然是该组织的成员有着共同的利益需求，自律组织的建立是其实现利益诉求的一种途径。然而，我国的证券交易所、证券业协会等《证券法》上界定的自律性组织，其产生都是由政府一手推动的，即使我国目前已处于建立市场经济体制的改革进程中，但离这一目标的实现还有一段遥远的距离，社会的资源尤其是像证券交易所这样的稀缺资源都仍然由政府掌控，与其成员的利益需求没有关联性。此外，在 20 世纪 80 年代末 90 年代初的证券交易所会员的组成人员中，证券公司全部都是国有企业，而国有企业性质本身便导致企业的利益与企业实际经营者利益的脱节。如果再缺乏有效的委托代理人的监督机制，那么，作为国有企业的委托经营者便不会去关注如何使企业利益最大化。他们作为经济人，关心的是自身效用的最大化，因此，在争取更多的交易所的自治空间虽然有可能给作为会员的企业带来更多利益的情况下，如果这样一种争取自主的行为有可能引起政府部门的不快，进而将影响自己的政治前途或地位时，那么，作为实际的经营者便会放弃这样的自治行为和意愿，即使这有可能使其所在的公司的利益不能最大化。❶ 这样，一方面，自律组织的成员就缺乏动力去建立一些自治规则，从而导致自律组织监管权中能归属于自律监管的很少；另一方面，自律组织也没有动力去廓清与中国证监会之间的监管权力划分或争取某些更合适由交易所行使的监管权，从而使得自律组织与中国证监会之间的职能存在严重交叉这一问题缺乏解决的动力。

---

❶ 鲁篱："自治如何形成——对证券交易所法律地位的历史比较"，载《现代法学》2004 年第 4 期，第 128～133 页。

五、我国证券市场监管权配置的
未来改革：向合作模式迈进

（一）选择合作模式的原因

从上文分析可知，目前我国证券市场监管权的配置有着明显的政府主导特征，大体可归类于政府主导模式。虽然这一模式有着深刻的历史成因，但目前我国已经进入新的发展时期，改革已由体制外的改革转向体制内的改革。党的十八届三中全会通过的《中共中央关于全面深化改革若干重大问题的决定》中明确"进一步简政放权、深化行政审批制度改革、最大限度减少中央政府对微观事务的管理"及"激发社会组织活力，正确处理政府和社会关系，加快实施政社分开，推进社会组织明确权责、依法自治、发挥作用，适合由社会组织提供的公共服务和解决的事项，交由社会组织承担"是下一阶段的改革目标。目前"政府主导型"的证券市场权配置模式显然不能与这一改革目标相契合，相比之下，合作模式既保留政府监管者广泛的监管权（且监管方式侧重于事中和事后监管而非事前审批），又充分利用自律机构的监管资源及优势并将其视为其有力的监管合作伙伴（而非附属机构），这些特点不但与我国现阶段确立的改革目标吻合，而且在改革过程中也不会因为削弱政府监管者的权力而受到其阻力，因此，合作模式非常适合成为未来我国证券市场监管权配置改革的方向。

（二）朝合作模式迈进的路径选择

1. 尽快推行证券交易所的公司化改革

目前，我国证券市场监管权配置存在的最大问题就是中国证监会的监管权定位不清晰、与证券交易所的监管职能存在较多的交叉，虽然形成上述问题的根本原因是我国证券市场的形成历史及现状特点，但问题既然已经存在，就应试图找到解决方法，而不应期待证券市场发生整体性"换轨"后所有问题都会随之迎刃而解。改革的突破口一般都是现行制度中最薄弱的环节，而对于证券市场监管权的配置而言，最可能的突破口则来自交易所，具体而言来自交易所的产权结构。《证券法》第102条规定："证券交易所是为证券集中交易提供场所和设施，组织和监督证券交易，实行自律管理的法人。"正如上文所述，与1999年实施的《证券法》第95条关于"证券交易所是提供证券集中竞价交易场所的不以营利为目的的法人"之表述相比，现行《证券法》不再将证券交易所限定为"不以营利为目的"的法人，《证券法》对证券交易所界定的此种变化普遍被认为是证券交易所非互助化（demutualization）或公司化在国家法律层面的解冻，交易所的公司化改革显然已被决策者认为是一种值得探索的制度设计。那么，公司化改革的原因是什么？笔者认为主要有以下两个理由。

一方面，随着信息技术的飞速发展，几乎交易所提供的每一种服务都面临着竞争，例如，场外交易市场在价格发现方面已经完全可以和交易所相媲美，❶ 同时企业的跨境上市也使交易所之间的竞争

---

❶　彭冰、曹里加对交易所面临的竞争曾做过精彩的描述。彭冰、曹里加："证券交易所监管功能研究——从企业组织的角度"，载《中国法学》2005年第1期，第83~90页。

全球化，而证券市场规模的日益扩张也令交易所有提升硬件建设水平的需求，这些因素都使交易所面临着越来越大的资金压力，而在筹集资金方面，公司制的交易所显然比互助制的交易所更具优势。

另一方面，借用交易费用经济学的集大成者威廉姆森发展的一个关于公共官僚的交易费用模型❶来分析，我国中央政府和交易所之间的交易有着高成本控制风险、高相互依赖性和低诚实控制风险的特征：（1）根据我国《证券法》的规定，证券交易所提供的主要监管服务是对证券交易实行实时监控和对上市公司及相关信息披露义务人披露信息进行监督，这就不但要求监管者有着完善的监控设备，而且要有大量的人力，尤其是后者，随着上市公司数量的增加，需要的监管人员将越来越多，因此对于政府而言，这些监管服务是存

❶ 威廉姆森认为，公共部门的交易主要包括六种类型：采购型（procurement）、再分配型（redistributional）、规制型（regulatory）、主权型（sovereign）、司法型（judicial）、基础设施型（infrastructure）。威廉姆森系统分析了主权型交易。在关注主权型交易时，威廉姆森在私人领域交易的三个关键属性（资产专用性、不确定性和频率）的基础上，加入了一个更加关键的属性——"诚实"，这一术语特指履行公共交易所需要的忠诚和正直。威廉姆森将这一属性运用于以下三种公共交易治理模式的分析：（1）完全私有化，即外包给私人部门；（2）规制（Regulation），即外包给一个被规制机构监督的私人部门；（3）公共机构，即任务由国家机构来实现，从而得出了公共机构是主权型交易的有效治理模式的结论。威廉姆森还进一步指出，大多数的交易的治理可以通过以下两点来理解：（1）存在至少以下一种形式的风险：费用过度、相互依赖、诚实；（2）治理结构主要是在自主性适应和合作性适应上不同。这就导致如下的基本论断：以自主性适应为特征的治理模式具有好的成本控制属性但在相互依赖和诚实方面比较差，而以合作性适应为特征的治理模式具有弱的成本控制属性但在相互依赖和诚实方面做得好一些。荷兰学者鲁特（Ruiter）认为，虽然威廉姆森没有明确地得出结论，但从他的分析中仍然可以推出以下结论：（1）高成本控制风险、低相互依赖性和低诚实风险的公共交易应充分私有化；（2）低成本控制风险、高相互依赖性和高诚实风险的公共交易应由一个公共机构来治理；（3）其他的公共交易应采取规制的治理方式。见 Oliver E. Williamson："Public and Private Bureaucracy: A Transaction Cost Economics Pespective"，*The Journal of law*，*Economics*，*and Organization*，1999. V15，（N1），pp. 306～342. 及 Dick W. P. Ruiter："Is Transaction Cost Economics Applicable to Public Governance?" *European Journal of Law and Economics*，2005. 20，pp. 287～303.

在高成本控制风险的。（2）一方面，由于交易所是提供证券交易的场所，因而其能够掌握上市公司及市场的实时动态，因此上述监管服务即使由中央政府自身提供，其也不可能不依赖于交易所的协助和配合；另一方面，交易所的日常运作包括处理与上市公司之间的关系也离不开政府的支持；因此，在对证券市场进行监管方面，政府与交易所之间有着高度的相互依赖性。（3）正如许多学者已强调的，无论是互助化的交易所还是非互助化的交易所，它们或显或隐都是追求利润的，利润的根源在于投资者对交易所的信任，而信任的基础则有赖于交易所对证券交易及上市公司的信息披露的有效监管，因为唯有如此投资者才能获得为作出投资决策所需的充分的交易信息。这就使得在对证券市场的交易和上市公司的监管上，交易所与政府有着共同的利益基础。因此，政府与交易所之间的监管服务交易是低诚实控制风险的。基于上述，笔者认为，从节省交易成本的角度看，我国中央政府和交易所之间的公共交易应采用规制的治理模式，即中央政府应把相关的监管服务外包给由中国证监会监督的私有化的证券交易所，这就意味着须改变目前证券交易所产权由中央政府完全拥有的现状，而要改变这一现状，交易所的公司化可以说是一个必然的选择。

交易所公司化后，中国证监会对交易所的控制力度就会降低，交易所亦会成为必须为股东和自身利益着想的主体，因此将有廓清与中国证监会监管职能、减少重复监管、降低其服务对象守法成本从而增强其竞争力的动力。例如，香港交易所和香港证监会签署的《关于上市事宜监管谅解备忘录》，就是在其公司制改革并上市后不到3年的时间就签署下来的。在该备忘录中，香港交易所和香港证监会不但试图明确双方在上市相关事宜中的监管中的职责，而且在职责的设计中尽可能地考虑了被监管对象的成本，例如该备忘录中规定"为避免增大发行人的成本，交易所代表证监会接受相关的法定文件，且两者尽力发展可分享资料的数据库，以便证监会能获取所有发行人提交给交易所的信息"。❶

此外，交易所公司化后，沪深证券交易所必然会很快迎来彼此之间及与境外交易所的竞争，这种竞争不但会促使交易所在硬件设施、产品设计等方面力求改进，还会促使交易所在自律监管方面提出更高的要求，以打造高品质的交易所形象来吸引投资者，从而使自身成为交投活跃的交易平台，这样一来，其监管权能中属于自律监管的部分自然就会增加。

2. 明晰中国证监会与以交易所为主体的自律监管机构的监管定位，并在此前提下厘清各自的监管职能、明确合作方式

证监会国际组织（IOSCO）在 2003 年发表的《证券监管的目标和原则》中指出，自律监管的重要优势在于，自律组织可提出比政府规章要求更高的道德标准之遵守要求，在市场运作和实践方面的介入程度更深，经验更丰富，能较政府机构更加迅速和灵活地对变动不居的市场作出反应。因此，自律组织应承担那些其有动力去有效履行的监管职责。❷ 另外，证监会国际组织于 2000 年 5 月发表《有效监管的模型》，该报告设计的"有效的自律模式"中，包括下列基本内容：（1）内部规则的制定程序；（2）确立市场准入标准的权力；（3）财务、操作、交易行为标准的建立和执行；（4）对市场

---

❶ "Securities and Futures Commission and The Stock Exchange of Hong Kong Limited: Memorandum of Understanding Governing Listing Matters"，载 http://www.hkex.com.hk/eng/rulesreg/regdoc/documents/mou_ 28jan03. pdf.

❷ Objectives and Principles of Securities Regulation, Report of IOSCO in 2003，载 http://www.iosco.org/library/pubdocs/pdf/IOSCOPD154. pdf.

行为的监管；（5）对违反规则行为的调查、起诉和裁判权；（6）对争端解决平台的管理；（7）发展和完善对市场参与者和公众投资者的教育计划；（8）与其他自律组织和政府监管机构的信息共享。❶

根据上文提到的 WFE 在 2004 年对其成员做的问卷调查，下列职能是 50% 以上回答问卷的交易所声称其享有的监管职能：（1）市场监管职能，包括建立市场交易规则、实时或事后交易监管和拥有罚款、停牌等执法手段，上述监管权经常是与政府监管机关一起分享的；（2）会员许可职能，包括交易会员许可和结算会员许可，回答者中过半交易所的会员许可权是与政府监管机构一起分享的；（3）资本充足和持仓风险（Position Risks）控制职能，包括监控资本充足规则的执行、监控持仓风险规则的执行以及拥有罚款、停牌等执法手段；（4）清洁职能，包括清算和结算职能，这种职能普遍不与政府监管机构分享，而是由交易所行使或政府监管机构单独行使；（5）制定、监控商业操守和拥有执法手段以执行商业操守的职能，这一职能有时属于由政府监管机构，但更多的是交易所与政府监管机构分享该职能；（6）提供仲裁机构；（7）制定、监控上市规则和拥有执法手段以执行上市规则；（8）制定发行人的披露规则、监控年度和季度披露信息，但该等职责中许多都是与政府监管机构分享的。❷

从 WFE 成员的上述回答看，少部分职能是交易所独有的，如制定上市规则等，更多的是与政府监管机构共享的，由此可见，监管

---

❶ Model for Effective Regulation，Report of the SRO Consultative Committee of the IOSCO，May 2000，载 http：//www. iosco. org/library/pubdocs/pdf/IOSCOPD110. pdf.

❷ World Federation of Exchanges（WFE）："regulation of markets survey 2004"，载 http：//www. world - exchanges. org/reports/studies - and - surveys/survey - regulation - markets - 2004.

权的共享在各国是常态而非例外。甚至可以说，由于政府的证券监管机构担负着监管整个证券市场的最终职责，故即使是交易所独自拥有的职权也会间接与政府监管机构分享，例如交易所虽然拥有上市规则制定权，但各国的政府监管机构一般都会拥有对包括上市规则在内的所有证券交易所重要规则的批准权。因此，笔者认为，要厘清政府监管机构和自律监管机构的监管职能，关键不在于从横向上彻底划清或圈定两者各自的职责范围，而在于从纵向角度或从同一职权的不同层面界分两者的职责范围或介入程度。应充分发挥交易所等自律监管机构的监管优势，将其定位为"前锋"，使其承担一线、日常性的监管职能，而政府监管机构应只有在确有必要时才予介入，即定位于"后卫"。例如，在上市公司信息披露监管领域，常规性的信息披露（包括年度报告、半年度报告、季度报告以及与公司本身的日常经营和运作相关的临时报告等）应由交易所通过事前、事中或事后方式进行监管，而对于涉及股本总额、股东、实际控制人等发生重大变化和重大资产重组等非日常经营性相关事项（这些事项也经常为内幕交易等典型重大违法行为提供滋生土壤），政府监管机构才有必要介入监管，要求上市公司或相关信息披露义务人向其提供相关报告，并在必要时取得其对该等事项的许可。正如美国 SEC 第二任主席道格拉斯所说的："政府手握着已上膛的油光发亮的枪，站在门后时刻准备射击，但却希望枪支永远用不上。"❶

3. 完善政府监管机构与自律机构之间的信息沟通、共享与协调机制，节省执法和守法成本

2005 年秋，美国证券业协会（SIA）开展了一项行业调查，范

---

❶ Dale. Arthur Oesterle, "Securities Markets Regulation: Time to Move to a Market - Based Approach"，载 https://www.cato.org/pubs/pas/pa374.pdf.

围包括各种类型和不同规模的证券公司，内容涉及监管成本的总额、构成、产生来源等，此外调查还详细分析了监管成本对于当前监管环境的影响，调查结果显示：监管成本的上升十分显著，对证券公司运营影响很大，据估计，2003～2005 年监管成本约占行业净收入的 5%；在快速上升的成本中，很大一部分是可以避免的，例如，重复检查、监督、管理，各种法规间缺乏协调、含糊不清，缺乏及时明确的指导等。证券公司报告，他们在过去 12 个月中平均收到 231 项监管要求，接近每个工作日一项，其中 SEC 和全美证券商协会（NASD）的要求占近 3/4。❶ 尽管对管制的成本—收益分析理论的争议仍然甚嚣尘上，但已有越来越多的国家在决定对某个行业进行管制时开始有意识地考虑监管成本问题。例如，美国通过里根总统签发的 12291 号行政命令和克林顿总统签发的 12866 号行政命令，确立了信息与监管事务管理办公室行使审核内阁行政机构和独立监管机构规章权力的法律地位，规定监管机构制定规章执行成本—收益分析的原则和程序，提供监管影响分析报告，而在第 104 届国会上，国会亦建立了审核联邦监管机构规章的机制，该机制的核心在于监管机构制定的规章在《联邦公报》公布，要向国会两院和审计署提供完整的成本—收益分析材料。❷

反观我国，成本—收益还远未成为立法审查的内容，包括《证券法》在内的现行法律法规在设计相关的监管制度时，往往仅着眼于如何达至 "管" 之目的，着眼于监管者的便利，极少考虑被监管

---

❶ 中国证券业协会出席 ICSA 2006 年会报告，http：//www. sac. net. cn/newcn/home/info _ detail. jsp? info _ id = 1184916911100&info _ type = CMS. STD&cate _ id = 81183686376100.

❷ 席涛：《美国管制：从命令—控制到成本—收益分析》，中国社会科学出版社 2006 年版，第 9 页、第 73 页。

者的守法成本，导致重复监管频现，不但增加无谓的执法成本，还增加了被监管者的守法成本。例如，根据《证券法》第 86 条和《上市公司收购管理办法》第 14 条的规定，投资者及其一致行动人拥有权益的股份达到一个上市公司已发行股份的 5% 时以及投资者及其一致行动人拥有权益的股份达到一个上市公司已发行股份的 5% 后，其拥有权益的股份占该上市公司已发行股份的比例每增加或者减少 5% 时，应当在该事实发生之日起 3 日内编制权益变动报告书，向中国证监会、证券交易所提交书面报告，通知该上市公司，并予公告。笔者认为，由于上市公司股份增减 5% 不会引起控股股东的变化（达到已发行的股份 30% 时另有条款规定），因此只需要向作为一线监管者的交易所报告并公告即可，不需要同时向中国证监会及其派出机构报告，同时交易所应建立相关的信息系统，以便中国证监会及其派出机构在需要时可通过该系统查询相关信息，这样做既可以减少无必要的监管工作，又节省了信息披露义务人重复向各多个监管机构报告而付出的沟通、差旅、时间、文本制作等成本。此外，在证券执法领域中，也经常出现中国证监会、中国证监会派出机构、交易所就同一事项重复发文，导致被监管对象疲于应对的情况。例如，笔者了解的一家中小板上市公司，2009 年每月就从交易所和中国证监会派出机构收到数量不等的监管要求（不含向公众公开披露的监管要求），最多的一个月收到 11 份，最少的一个月是 1 份，而中位数是 6 份，这意味着正常情况下该上市公司每隔两个工作日就会收到一份监管要求，这显然会增大被监管对象的守法成本。因此，中国证监会应在厘清与自律机构职责的基础上，建立信息沟通、共享与协调机制，避免不必要的重复监管行为，节省被监管对象的守法成本。

4. 完善对中国证监会权力的监督机制

自我膨胀是权力的天然属性，这已为中外众多实例所证实。作为政府监管机构的中国证监会，如不对其行使权力进行有效的监督，则会很容易侵蚀自律机构的监管权，导致中国证券市场监管权的配置失衡。考虑到一方面我国缺乏对抽象行政行为的司法审查机制、对行政规范性文件的审查机制也仅限于行政复议这一方式；另一方面对中国证监会提起的行政复议之复议机关就是中国证监会自身，而中国证监会又主要是通过制定规章和规范性文件的方式进行自我赋权，因此要完善对中国证监会权力的监督机制，关键就在于完善对中国证监会制定规章和规范性文件的审查机制，而完善该审查机制的途径可从以下三个方面着手：（1）通过全国人大常委会设立或指定一个专门的委员会负责审查行政主体制定的规章和规范性文件；（2）将抽象行政行为纳入司法审查的范围❶；（3）相对人可以单独就规范性文件申请复议审查，而不是在对具体行政行为提起行政复议才可一并提起对行政规范性文件的审查复议申请。

---

❶ 2014 年 11 月 1 日修订并将于 2015 年 5 月 1 日起施行的《行政诉讼法》已将规范性文件（不含规章）纳入了司法审查的范围，但也只是规定行政相对人在对行政行为提起诉讼时可一并请求审查，而不能单独对规范性文件提起诉讼。

中篇　中国证监会证券监管权：
权力失范与权力制约

中国证监会行使立法权存在的
问题及解决建议

一、引　言

自 1992 年设立至今，作为中国证券监管机构的中国证监会以自身名义（包括与其他机构联合的名义）公开发布的规范性文件已达 1 000 多项，这还不包括中国证监会内设职能部门、派出机构公开发布的规范性文件和中国证监会及其内设职能部门、派出机构不公开发布的规范性文件，这些规范性文件使中国证监会的监管触角延伸到中国证券市场的每一个角落。然而，中国证监会是否有权制定这些规范性文件？随着中国证券市场的发展，中国证监会的地位日益被关注，其行使的职权的合法性也常因其地位的尴尬性（是事业单位而非行政机关）而被质疑。❶ 在海南凯立中部开发建设股份有限公司诉中国证监会取消其股票发行资格一案中，原告代理律师就曾提出中国证监会具有的仅仅是法律、法规的拟订、草拟权，而绝不是立法权。❷ 理论界也有学者撰文对中国证监会的性质、地位及其职

---

❶　如董炯、彭冰在《公法视野下中国证券管制体制的演进》一文中就认为，中国证监会不属于法律、法规授权的组织，其行使行政管理职能不具备合法性。

❷　"证监会不具有立法权"，载《深圳商报》2001 年 1 月 20 日 A6 版。

权进行过一些探讨。但对中国证监会的立法权的来源及其行使状况进行深入的理论与实证分析的，笔者还未见到。本部分就旨在弥补这一缺憾。

二、中国证监会立法权的来源 *

（一）作为国务院直属事业单位的中国证监会的立法权仅能来自全国人大或全国人大常委会的授权

　　1. 作为国务院直属事业单位的中国证监会不享有固有立法权

　　所谓固有立法权，是指根据《中华人民共和国宪法》（以下简称"《宪法》"）的规定享有的立法权。由于《宪法》是规定人民和国家机构之间的权利/权力分配的基本法，是一切公权力的根本来源，因此《宪法》规定的立法权就是一种固有的权力，除非修改《宪法》，否则即便是法律也不能剥夺《宪法》所赋予的国家机关的公权力。《宪法》第 58 条规定："全国人民代表大会和全国人民代表大会常务委员会行使国家立法权。"第 85 条规定："中华人民共和国国务院，即中央人民政府，是最高国家权力机关的执行机关，是最高国家行政机关。"根据《宪法》第 89 条第（一）项的规定，国务院根据宪法和法律，规定行政措施，制定行政法规，发布决定和命令。根据该法第 90 条第 2 款的规定，国务院各部、各委员会根据法律和国务院的行政法规、决定、命令，在本部门的权限内，发布命令、指示和规章。

---

　　* 本部分的立法包括制定规章和规则（规范性文件）。

从《宪法》的上述规定可以得知，在中央层面，❶ 享有固有立法权的仅包括全国人大、全国人大常委会、国务院及其各部委，其他个人或组织都不享有固有立法权。而无论是 1998 年、2003 年和 2008 年国务院发布的《国务院关于机构设置的通知》还是 1998 年国务院办公厅发布的《中国证券监督管理委员会职能配置、内设机构和人员编制规定》（以下简称"证监会三定方案"），或是 2004 年 4 月中央机构编制委员会办公室印发的《关于中国证券监督管理委员会主要职责内设机构和人员编制调整意见的通知》，中国证监会都只是国务院直属事业单位，而不属于《宪法》所规定的"国务院各部、各委员会"之列。这一点可以从《中华人民共和国国务院组织法》第 8 条中得到印证，根据该条的规定，国务院各部、各委员会的设立、撤销或者合并，经总理提出，由全国人民代表大会决定；在全国人民代表大会闭会期间，由全国人民代表大会常务委员会决定。而中国证监会是由国务院自行决定而非由全国人大或其常委会决定设置的。

2. 国务院及其各部委无权将其固有立法权转授予包括中国证监会内的其他个人或组织行使

国务院及其各部委虽然具有立法权，但《宪法》对它们的定位毕竟是执行机关而非立法机关，《宪法》之所以分配给它们一定的

---

❶ 根据我国《证券法》等法律的规定，我国实行的是全国集中统一的证券市场监管体制，因此证券立法权一定是属于中央一级的，地方不享有证券立法权，故相应地本书只探讨中央层面的固有立法权。

立法权是对现实需要的妥协。❶ 也就是说，执行机关的立法权是一种"必要的恶"，因而这种"恶"应该被限制在"必要"的范围之内，所以，除非经过国家立法机关的同意，否则国务院及其各部委应该由自身来行使其固有立法权，而不能将其固有立法权授予他人行使。

综上分析，笔者认为，由于作为国务院直属事业单位的中国证监会不享有固有立法权，而享有固有立法权的国务院及其各部委又无权将其固有立法权转授予中国证监会行使，因此，中国证监会的立法权只能来自国家立法机关即全国人大或全国人大常委会的授权。

（二）中国证监会是《证券法》《公司法》和《基金法》中规定的国务院证券监督管理机构

既然通过上文的分析，笔者认为中国证监会的立法权只能来自全国人大和全国人大常委会的授权，那么，需要继续探讨的是，中国证监会是否已经获得全国人大和全国人大常委会的授权？

笔者查阅了全国人大及全国人大常委会公开发布的各类文件，未发现全国人大及全国人大常委会明确授予中国证监会以立法权的文件，但在全国人大常委会颁布的《证券法》和《中华人民共和国公司法》（以下简称"《公司法》"）、《中华人民共和国证券投资基金法》（以下简称"《基金法》"）中，全国人大常委会授予"国务院证券监督管理机构"以一定的立法权，如《证券法》第 11 条第 3 款规定"保荐人的资格及其管理办法由国务院证券监督管理机构规

---

❶ 关于此点诸多学者已有阐述，主要包括：（1）权力机关没有足够的时间对所有的事项进行立法；（2）政府所处理的公共事务分工日趋精细及专业化，权力机关缺乏专业能力进行相关立法；（3）权力机关采用合议制运作方式，立法的成本高、效率低，很难及时制定出适应飞速发展的社会经济生活变化的立法。具体阐述可参见翁岳生：《行政法》（上册），中国法制出版社 2002 年版，第 561～562 页。

定"，《公司法》第 129 条规定"股票采用纸面形式或者国务院证券监督管理机构规定的其他形式"，全国人大常委在《证券法》《公司法》和《基金法》中授予国务院证券监督管理机构的所有立法权力笔者将在下文述及，这里需要进一步分析的是：中国证监会是否就是上述三法中所指的国务院证券监督管理机构？如果是的话，就应认定中国证监会可以行使全国人大常委会通过上述三法所授予的立法权；如果不是的话，中国证监会行使立法权将于法无据。

《中华人民共和国国务院组织法》（以下简称"《国务院组织法》"）第 11 条规定："国务院可以根据工作需要和精简的原则，设立若干直属机构主管各项专门业务，设立若干办事机构协助总理办理专门事项。每个机构设负责人二至五人。"该法授予国务院根据需要自行设立主管各项专门业务的直属机构的权力，而笔者理解该条所规定的直属机构并不仅限于 2008 年颁布的《国务院关于机构设置的通知》中所称的"国务院直属机构"，也就是说，《国务院组织法》第 11 条所称的"直属机构"并不是一个特定称谓，而是国务院可以自行决定设置的主管各项专门业务的机构的统称。2008 年颁布的《国务院关于机构设置的通知》中，除了国务院办公厅和国务院组成部门（其设置由全国人大决定）以及国务院办事机构（该等机构的职责是协助总理办理专门事项）以外的其他机构，都属于《国务院组织法》第 11 条所称的"直属机构"，包括国务院直属机构、国务院直属特设机构和国务院直属事业单位。而中国证监会即属于 2008 年颁布的《国务院关于机构设置的通知》中明确设置的国务院直属事业单位之一。

笔者认为，既然全国人大常委会在《证券法》《公司法》和《基金法》中授予国务院证券监督管理机构以立法权力，而国务院根据《国务院组织法》的规定又可以自行决定设置直属机构（当然也包括自行决定由哪一部门来行使法律授予的职权），因此，只要国务院能够明确中国证监会是其证券监督管理机构，中国证监会就有权在国务院配置给其的职权范围内相应行使《证券法》和《公司法》授予的立法权。国务院对中国证监会的地位之明确体现在由其批准并由国务院办公厅于 1998 年 9 月发布的"证监会三定方案"中。根据"证监会三定方案"，中国证监会是全国证券期货市场的主管部门，其主要履行的职责包括制定证券期货市场的有关规章、统一管理证券期货市场等十三大职责，从"证监会三定方案"中，我们似乎可以认定中国证监会正是《证券法》《公司法》和《基金法》中所称的国务院证券监督管理机构。然而，有学者认为，"中国证监会三定方案"先于《证券法》颁布（《证券法》于 1998 年 12 月颁布，比"中国证监会三定方案"晚 3 个月），不可能明确指定中国证监会就是证券法上的国务院证券监督管理机构，而且《证券法》上的国务院证券监督管理机构也很可能并不独指证监会一家。❶就上述学者提出的第一个质疑理由，笔者认为，如果说这一理由在 2003 年之前尚可能成为将中国证监会定位为国务院证券监督管理机构的障碍的话，那么，这一障碍在 2003 年国务院机构改革时就已被清除。2003 年国务院颁布的《国务院关于机构设置的通知》仍然将中国证监会作为国务院直属事业单位之一，且未发布新的"三定方案"（2008 年国务院机构改革时亦是如此），这应理解为国务院仍然沿用 1998 年颁布的"中国证监会三定方案"，在《证券法》已经颁布实施的情况下确认了中国证监会的国务院证券监督管理机构之地

---

❶ 董炯、彭冰："公法视野下中国证券管制体制的演进"，载 http：//www. 148cn. org/data/2006/1201/article_ 29111. htm.

位。而就上述学者提出的第二个质疑，笔者则认为有一定的道理，因为直至今天，中国证监会也并非所有证券活动的监管机构，譬如政府债券就由财政部主管，非上市公司的企业债券发行核准由发改委负责。而 1998 年制定《证券法》时之所以没有明确中国证监会是国务院证券监督管理机构，除了"由人大常委会立法规定国务院如何设置其部委，甚至连名称都写上去，涉及宪法和国务院组织法，过去的立法也没有这方面的先例"这一理由外，还有一个理由就是《证券法》出台之时证券的主管部门还是较为分散的，虽然《证券法》的意图是要建立起一个集中统一的证券主管部门，但我国证券业刚刚起步，需要有关部门通力合作，而证券业的监管体制需要一个积累经验的过程，问题还没搞清楚时不宜改变现行体制和分工，《证券法》仅抽象地规定我国证券监管机构是"国务院证券监督管理机构"也有利于以后国务院调整机构设置，给国务院的工作留下了余地。❶ 然而，笔者认为，根据我国的立法惯例，立法文件中所称的某领域管理/监管机构均指主管该领域的机构，而仅仅在某方面涉及该领域的管理/监管机构不会被称为该领域的管理/监管机构，此外考虑到我国《证券法》第 7 条关于"国务院证券监督管理机构依法对全国证券市场实行集中统一监督管理"的明确规定及国务院已基本将所有原分散在各部门的证券行业管理职能集中到中国证监会的现状，中国证监会是《证券法》《公司法》和《基金法》中规定的国务院证券监督管理机构之地位应是无可置疑的。

---

❶ 卞耀武：《中华人民共和国证券法释义》，法律出版社 1999 年版，第 457～471 页。

三、中国证监会行使立法权中存在的问题

（一）从内容上看，存在超越权限立法的情形

正如上文所论证的，中国证监会的立法权只能来自国家立法机关即全国人大或全国人大常委会的授权，而截至目前只是全国人大常委会在《证券法》《公司法》和《基金法》中授予作为"国务院证券监督管理机构"的中国证监会以一定的立法权。这些被授予的立法权概括起来包括：

（1）规定股票及其他证券的除纸面形式外的其他形式（《公司法》第 129 条、《证券法》第 41 条）；

（2）规定保荐人的资格及其管理办法（《证券法》第 11 条第 3 款）；

（3）规定股份有限公司公开发行股票的其他❶条件（《证券法》第 12 条）；

（4）规定公司公开发行新股其他条件和上市公司非公开发行新股的条件（《证券法》第 13 条）；

（5）规定发行人申请首次公开发行股票预先披露办法（《证券法》第 21 条）；

（6）规定发行审核委员会的具体组成办法、组成人员任期、工作程序（《证券法》第 22 条第 3 款）；

（7）规定证券公司与发行人签订代销或者包销协议应载明的其

---

❶ 除特别指明外，此部分内容中的"其他"均指除了授权法明确规定的条件、事项、行为、活动、文件等以外的条件、事项、行为、活动、文件。

他事项（《证券法》第 30 条第 3 款）；

（8）规定证券在证券交易所上市交易的除公开集中交易外的其他方式（《证券法》第 40 条）；

（9）规定上市公司和公司债券上市交易的公司中期报告和年度报告应记载的其他内容（《证券法》第 65～66 条）；

（10）规定属于上市公司应披露的重大事件范围的其他事项（《证券法》第 67 条）；

（11）规定证券交易内幕信息的其他知情人的范围（《证券法》第 74 条）；

（12）规定上市公司收购具体办法（《证券法》第 101 条第 2 款）；

（13）会同国务院财政部门规定风险基金提取的具体比例和使用办法（《证券法》第 116 条第 2 款）；

（14）规定设立证券公司的其他条件并需经国务院批准（《证券法》第 124 条）；

（15）规定证券公司注册资本最低限额的调整（但不得少于《证券法》第 127 条第 1 款规定的限额，《证券法》第 127 条第 2 款）；

（16）规定证券公司的净资本，净资本与负债的比例，净资本与净资产的比例，净资本与自营、承销、资产管理等业务规模的比例，负债与净资产的比例，以及流动资产与流动负债的比例等风险控制指标（《证券法》第 130 条）；

（17）规定证券公司从每年税后利润中提取交易风险准备金的比例（《证券法》第 135 条）；

（18）会同有关主管部门制定委托会计师事务所、资产评估机构对证券公司的财务状况、内部控制状况、资产价值进行审计或者评估的具体办法（《证券法》第 149 条）；

（19）规定设立证券登记结算机构的其他条件（《证券法》第 156 条）；

（20）规定设立证券登记结算机构履行的其他职能（《证券法》第 157 条）；

（21）会同国务院财政部门规定证券结算风险基金的筹集、管理办法（《证券法》第 163 条第 3 款）；

（22）和有关主管部门共同制定投资咨询机构、财务顾问机构、资信评级机构、资产评估机构、会计师事务所从事证券服务业务的审批管理办法（《证券法》第 169 条第 2 款）；

（23）规定投资咨询机构、财务顾问机构、资信评级机构从事证券服务业务人员的证券从业资格标准和管理办法（《证券法》第 170 条）；

（24）规定设立基金管理公司的其他条件并经国务院批准（《基金法》第 13 条）；

（25）规定基金管理人的其他职责（《基金法》第 20 条）；

（26）规定禁止基金管理人及其董事、监事、高级管理人员和其他从业人员、股东、实际控制人从事的其他行为（《基金法》第 21 条、第 24 条）；

（27）与国务院银行业监督管理机构共同规定申请取得基金托管人资格应当具备的其他条件并经国务院批准（《基金法》第 34 条）；

（28）规定基金托管人应当履行的其他职责（《基金法》第 37 条）；

（29）规定采用除开放式和封闭式之外的其他运作方式的基金的

基金份额发售、交易、申购、赎回的办法（《基金法》第 46 条）；

（30）注册公开募集基金，由拟任基金管理人应当向国务院证券监督管理机构提交的其他文件（《基金法》第 52 条）；

（31）规定公开募集基金招募说明书应当包括的其他内容（《基金法》第 54 条）

（32）规定公开募集基金募集期限届满时基金份额持有人人数（《基金法》第 59 条）；

（33）公开募集基金财产中应当保持的现金或者政府债券的具体比例（《基金法》第 69 条）；

（34）规定基金管理人运用公开募集基金财产进行证券投资的资产组合的具体方式和投资比例（《基金法》第 72 条）；

（35）规定公开募集基金财产可以投资的除上市交易的股票、债券外的其他证券品种（《基金法》第 73 条）；

（36）规定禁止公开募集基金财产从事的其他活动（《基金法》第 74 条）；

（37）运用公开募集基金资产进行关联交易应符合的规定（《基金法》第 74 条）

（38）规定公开募集基金信息披露义务人披露应予披露的基金信息的时间和属于公开披露范围的其他信息（《基金法》第 76~77 条）；

（39）规定公开披露公开募集基金信息中禁止的其他行为（《基金法》第 78 条）；

（40）规定非公开募集基金之募集对象即合格投资者的具体标准（《基金法》第 88 条）；

（41）规定非公开募集基金财产除了买卖公开发行的股份有限公

司股票、债券、基金份额外其他证券及其衍生品种（《基金法》第95 条）；

（42）规定从事公开募集基金的销售、销售支付、份额登记、估值、投资顾问、评价、信息技术系统服务等基金服务业务的机构的注册或者备案办法（《基金法》第98 条）。

此外，根据《证券法》第 179 条第（一）项和《基金法》第 113 条第（一）项的规定，国务院证券监督管理机构有权制定有关证券市场和证券投资基金活动监督管理的规章、规则。根据《中华人民共和国立法法》第 71 条的规定，国务院具有行政管理职能的直属机构可以根据法律和国务院的行政法规、决定、命令，在本部门的权限范围内，制定规章，部门规章规定的事项应当属于执行法律或者国务院的行政法规、决定、命令的事项。据此，笔者认为，中国证监会作为国务院具有行政管理职能的直属机构，即国务院证券监督管理机构，在法律和国务院的行政法规、决定、命令已有规定的情况下，有制定执行性的规章和规则的权力。❶

然而在实践中，中国证监会存在着在权限之外制定大量规范性文件的情形。如《证券法》第 14 条已明确列举了公司公开发行新股应当向国务院证券监督管理机构报送的文件，而并未授权中国证监会制定要求申请者提交在明确列举之外的文件的规定，国务院的行政法规、决定、命令也无相关规定，但中国证监会却专门就此制定了《公开发行证券的公司信息披露内容与格式准则第 9 号——首次

---

❶ 笔者的这一观点与一些学者的观点（这种观点被广为流传）是相左的，这些学者认为，中国证监会不享有规章制定权。具体可参见董炯、彭冰："公法视野下中国证券管制体制的演进"，载 http://www.148cn.org/data/2006/1201/article_ 29111.htm，以及贺林波、周其林："中国证券监管机构的若干法律问题探讨"，载《湖南农业大学学报（社会科学版）》2001 年第 2 期，第 51~53 页。

公开发行股票并上市申请文件》和《公开发行证券的公司信息披露内容与格式准则第 10 号——上市公司公开发行证券申请文件》，其中要求申请人提交的文件大大超出《证券法》第 14 条规定的文件。又如，《证券法》第 16 条规定了公开发行公司债券应当符合的条件，其中包括五项明确列举的条件和兜底性的"国务院规定的其他条件"，从该条规定看，有权就公开发行公司债券的其他条件进行规定的机构只能是国务院，但国务院至今尚未对此作出相关规定，而中国证监会却在 2007 年颁布了《公司债券发行试点办法》，其中规定了较《证券法》规定更为严格的发行条件，且该试点办法并未报国务院批准。

（二）从主体上看，存在中国证监会的内设职能部门对外发布规范性文件或出具公文的情形

中共中央、国务院批准颁布的《党政机关公文处理工作条例》对除行政法规和规章外的行政规范性文件的办理、管理、整理（立卷）、归档等进行了规范。中国证监会作为国务院直属的具有行政管理职能的机构，在行使行政职能出具公文时应符合该办法的规定。根据该条例第 17 条的规定，政府部门内设机构除办公厅（室）外不得对外正式行文。❶ 然而，中国证监会的内设职能部门普遍存在对外正式行文的情形，例如发行监管部和创业板发行监管部共同发布《关于调整预先披露时间等问题的通知》、中国证监会基金监管部 2006 年发布《托管银行监督基金运作情况报告的内容与格式指引

---

❶ 在《党政机关公文处理工作条例》于 2012 年 7 月 1 日生效之前，规范政府部门公文处理的 2000 年 8 月 24 日国务院发布的《国家行政机关公文处理办法》第 15 条也有同样的规定。

（试行）》。内设职能部门向外出具的公文未经过《党政机关公文处理工作条例》规定的发文办理程序，如由办公厅（室）审核、负责人签发、涉及其他部门职权范围内的事项的协调等程序，因此极有可能会导致某一职能部门出具的公文不被其他内设职能部门认可和执行的结果。

（三）从程序上看，制定程序存在不足，尤其是公众参与权的规定缺乏力度

中国证监会规章的制定程序目前已有较为完备的规范，其依据主要是国务院颁布的《规章制定程序条例》和中国证监会制定的《证券期货规章制定程序规定》及于 2009 年 5 月 8 日起实施的《证券期货规章草案公开征求意见试行规则》（以下简称"《试行规则》"）。而中国证监会制定的大量的规范性文件的程序，虽然中共中央、国务院批准颁布的《党政机关公文处理工作条例》中有一定的规定，但该等规定相当粗陋，例如该办法对公文签发前的审核重点是格式，而对于内容合法性的审查却无规定；又如，该办法没有规定公布程序和公众参与程序。

在中国证监会制定规章和规范性文件的过程中，公众有一定的参与权。据笔者统计，自 2006 年 1 月 1 日至 2013 年 12 月 31 日，以中国证监会自身名义独立颁布的（非与其他部门联合颁布或以中国证监会内部机构名义发布）新制定或修订的约 370 个规章和规范性文件中，有 103 个规章或规范性文件向社会公开征求了意见。公众对中国证监会公开征求意见的规章和规范性文件的反应总体而言还是积极的，例如，对《首次公开发行股票并在创业板上市管理办法

（征求意见稿）》，中国证监会共收到 688 份反馈意见。❶ 然而，这种公众参与仍存在许多不足，主要体现在：（1）这种参与仅具象征性，公开征求意见意在向公众咨询或进行民意调查❷，中国证监会并不需要根据公众的反馈意见作出决策，公众的意见采纳与否，采纳与不采纳的理由均无需对公众说明，而中国现有的法律法规对此亦无强制性规定。（2）除规章外的规范性文件的制定没有强制要求要公开征求意见，而对于哪些规章需要公开征求意见，无论是从国务院颁布的《规章制定程序条例》、中国证监会制定的《证券期货规章制定程序规定》中的相关规定看还是从实践做法看，都没有一个可操作的标准，基本上中国证监会享有完全的自主决定权。值得一提的是，对于公开征求意见的范围，《规章制定程序条例》第 15 条规定"起草的规章直接涉及公民、法人或者其他组织切身利益，有关机关、组织或者公民对其有重大意见分歧的，应当向社会公布，征求社会各界的意见"，而中国证监会制定的《证券期货规章制定程序规定》第 22 条规定"对于直接涉及公民、法人和其他组织切身利益或者涉及向社会提供公共服务、直接关系到社会公共利益的规章草案，可以向社会公开征求意见，但涉及国家秘密、国家安全或者证券期货市场敏感问题的除外"，也就是说，《证券期货规章制定程序规定》把《规章制定程序条例》规定的"起草的规章直接涉及公民、法人或者其他组织切身利益，有关机关、组织或者公民对其有重大意见分歧的"情形下规章制定机关应当公开征求意见的义务变成了规章制定机关的权利，这一规定显然是违反其上位法《规章

---

❶ "中国证监会新闻发言人就发布《首次公开发行股票并在创业板上市管理暂行办法》答记者问"，载 http://www.csrc.gov.cn/n575458/n575667/n818795/11124945.html.

❷ Arnstein, Sherry R.: "A Ladder of Citizen Participation", *Journal of the American Institute of Planners*, Vol. 35, No. 4, July 1969, pp. 216~224.

制定程序条例》的规定的。当然，《试行规则》中对此已有所纠正，根据该《试行规则》第 2 条的规定，除了涉及国家秘密、国家安全或者证券期货市场敏感问题的以外，中国证监会制定证券期货规章，均应当向社会公开征求意见。（3）征求公众意见的时间偏短。在《试行规则》颁布实施以前，中国证监会公开征求意见的时间并不统一。据笔者对中国证监会 2006 年 1 月 1 日至 2009 年 4 月 30 日规章和规范性文件公开征求意见稿发布时间和截稿时间的统计，公开征求意见稿发布日期和截稿日期之间相差的天数最短为 6 天，最长为 18 天，平均为 11.4 天。2009 年 5 月 8 日起实施的《试行规则》虽然已规定规章征求意见期间原则上为 15 日，且此日期后规章征求意见的期间实践中都是 15 日，但这一期间与美国 SEC 制定规则的公众评论期 30~60 天相比，仍然明显偏短，❶ 且规范性文件征求意见的时间仍然因为无规定而长短不一。

（四）完善中国证监会立法权行使的建议

1. 借鉴美国 SEC 做法，弥补中国证监会立法程序中的不足

美国联邦行政程序法规定了两种制定法规（rule）❷ 的程序：非正式程序和正式程序。前者是各行政机关包括独立机构普遍适用的程序，而后者则在其他法律有特别规定时才适用，即其他法律规定"必须根据听证的记录制定法规"时才适用。非正式程序包括通

---

❶ 本部分中关于 SEC 规则制定程序的内容，除特别指出外，均引自 SEC 网站的相关介绍，见 http: //www. sec. gov/about/whatwedo. shtml.

❷ 根据美国联邦行政程序法的规定，法规是指行政机关为了执行、解释法律或政策，或者为了规定机关的组织、程序或活动的规则而颁布的具有普遍适用性或特殊适用性而且对未来有约束力的文件的全部或一部分。因此，美国联邦行政程序法中的法规在外延上可以涵括我国的行政法规、规章和规范性文件。

告——评论——最终法规公布等几个环节，其中通告和评论程序是最为关键的环节，也是确保公众参与行政法规制定权利的环节，通告必须公布在《联邦登记》（一种政府公报）上，应当通告而没有通告所制定的法规将不能生效；然而，虽然行政机关在制定行政法规时必须考虑公众的意见，但可以完全不受公众意见的限制。而正式程序则必须适用《行政程序法》第556条和第557条审判型的听证和裁决程序，这是一个司法化的行政程序，且听证所认定的事实是制定行政法规的唯一根据。非正式程序是行政机关制定实体法法规的最低程序保障，但行政机关可以在非正式程序之外增加其他程序上的保障，给予公众更大的参与程度。❶

SEC法规的制定程序即属于非正式程序，但SEC增加了一些更有利于公众参与的程序。SEC法规的制定程序主要包括以下几个步骤：（1）观点发布（Concept Release）。并非所有法规的制定都经过观点发布程序，该程序主要是针对一些特别或复杂的问题，以至于SEC需要事先需要征求公众的意见，以判断规制是否有必要及如有必要哪种规制方法是合适的情形。观点发布将描绘相关利益和SEC关注的领域，且经常会明确讨论问题的途径，并提出寻求公众意见的一系列问题，在SEC决定是否规制及规制的方法时，公众的反馈将被考虑。（2）法规建议（Rule Proposal）。在该阶段，SEC将发布一个详细的正式的法规建议以寻求公众意见。与观点发布阶段不同，在法规建议阶段SEC将提出特定目标和达致这些目标的方法。SEC尤其还提供了一个30～60天的公众评论期。与观点发布一样，公众的意见将在最后规则的制定中起到非常关键的作用。（3）法规生效（Rule Adoption）。SEC在考虑公众对法规建议的意见之基础上，试

---

❶ 王名扬：《美国行政法（上）》，中国法制出版社2005年版，第355～371页。

图达成对明确而详细的规则的一致意见。如果被委员会委员全票通过，则成为治理证券行业的官方法规的一部分。

参考 SEC 的上述规定，笔者认为中国证监会的立法程序可以从以下几个方面予以完善：（1）明确立法程序中公众参与是原则，不参与是例外。具体可修改《证券期货规章制定程序规定》第 22 条和《试行规则》第 2 条的规定，在该条明确列举可不予公开征求意见的情形（该等情形主要限于不涉及公众利益的中国证监会内部管理事项，如内部组织、人事、办事程序等以及紧急情况或公众参与确会违反公共利益的情形），不在列举情形之内的都应当向社会公开征求意见；而如属于可不公开征求意见情形的，应在发布时就不予公开征求意见的理由作出说明。（2）在《证券期货规章制定程序规定》和《试行规则》中规定中国证监会在立法过程中必须考虑公众的意见，即使其最终的立法条款没有采纳公众的意见。具体可规定在公布相关规章和规范性文件时必须同时公布立法说明，立法说明中必须对公开征求意见（如属于无须公开征求意见的情形则为征求相关利益方的意见）的情况予以说明，包括主要的意见、采纳与否及不采纳的理由等。（3）在《证券期货规章制定程序规定》和《试行规则》延长公开征求意见的时间，参照美国公众评论期及我国目前行政法规和规章公布日与实施日之间的期间，公开征求意见期间可定为 30 日，但如果在公开征求意见期间因征求意见稿的公布而发生严重影响或可能严重影响证券、期货市场稳定情形或不立即公布施行将有碍证券、期货市场稳定和发展的，可由中国证监会主席决定缩短公开征求意见的期限。（4）制定《中国证监会证券期货规范性文件制定程序规定》。参照《规章制定程序条例》和《证券期货规章制定程序规定》对证券期货规范性文件的起草、审查、决定、公布和备案等进行规范，其中应明确禁止中国证监会的内设职能部门以自身名义对外发布规范性文件，并将上述（1）～（3）点建议纳入该规定中。

2. 完善对中国证监会立法权行使的监督机制

（1）加强国家权力机关对中国证监会立法权行使的监督。

目前我国国家权力机关的立法监督权主要体现在对国务院行政法规的监督上，对规章和规范性文件的监督权之规定仅在《中华人民共和国全国人民代表大会组织法》（以下简称"《全国人大组织法》"）第37条中有所涉及。根据该条的规定，全国人大及其常委会领导下的各专门委员会的工作之一是审议全国人民代表大会常务委员会交付的被认为同宪法、法律相抵触的国务院的行政法规、决定和命令，国务院各部、各委员会的命令、指示和规章并提出报告。但该条不能作为全国人大及其委员会对中国证监会的立法进行监督的依据，因为中国证监会不属于"国务院各部、各委员会"。因此，建议未来在修改《全国人大组织法》时修改第37条，将审议涉嫌违反宪法和法律的国务院主管各专门业务的直属机构制定的规章和命令、指示等规范性文件也纳入全国人大及其常委会领导下的专门委员会的工作范围。

但是，即使作出上述调整，《全国人大组织法》第37条的规定仍然存在不足，原因是：①各专门委员会只能审议全国人大常委会交付的规章和规范性文件，而如全国人大常委会未发现规章和规范性文件违法的问题，则这种监督程序就无法启动；②承担监督具体工作的有9个专门委员会，很可能形成表面上大家都管，但实际上谁都不管的局面。从理论上说由法律委员会承担对规章和规范性文件监督工作较合适，但在实践中，法律委员会一直忙于立法准备工作，无暇顾及对规章和规范性文件的监督工作。故应设立或指定一个专门的委员会负责审查行政主体制定的规章和规范性文件。❶ 同时，在该法中增加全国人大常委会向该专门委员会交付审议的规章和规范性文件的来源的规定，即既包括全国人大常委会自身发现的，也包括有关机关和公众提交给全国人大常委会审查的。此外，鉴于《立法法》第 90 条的规定仅赋予国家机关和社会团体、企业事业组织以及公民在认为行政法规、地方性法规、自治条例和单行条例同宪法或者法律相抵触时向全国人民代表大会常务委员会书面提出审查建议的权利，而将规章❷排除在上述机关和公众可以提出审查建议的范围之外，故笔者建议亦应修改该条的规定，将规章纳入上述机关和公众可向全国人大常委会提出审查建议的范围。

（2）加强对中国证监会立法权行使的行政监督。

目前，对中国证监会立法权的行使进行行政监督的法律依据主要是《立法法》《行政复议法》和《规章制定程序条例》中的相关规定。根据《立法法》第 88 条的规定，部门规章应报国务院备案，国务院有权改变或者撤销不适当的部门规章。《规章制定程序条例》第 35 条规定，国家机关、社会团体、企业事业组织、公民认为规章同法律、行政法规相抵触的，可以向国务院书面提出审查的建议，由国务院法制机构研究处理。根据《行政复议法》第 7 条的规定，公民、法人或者其他组织认为行政机关的具体行政行为所依据的国务院部门的规定（不包括规章）不合法，在对具体行政行为申请行政复议时，可以一并向行政复议机关提出对该规定的审查申请。

---

❶ 叶必丰、周佑勇：《行政规范研究》，北京：法律出版社 2002 年版，第 221 ~ 233 页。

❷ 由于《立法法》并不适用于规范性文件，因而笔者提出的《立法法》存在的问题及完善建议不包括规范性文件。

　　笔者认为，根据上述规定，目前对中国证监会立法权行使的行政监督仍然存在以下不足：①《规章制定程序条例》中的监督只是针对规章，而不包括规范性文件，监督范围过小，且很可能会诱发中国证监会更倾向于通过制定规范性文件而非规章来规避国务院的审查。②《规章制定程序条例》中未对有关机关和公众就规章向国务院书面提出审查的建议后，国务院法制机构研究处理和作出决定的时限，这可能会使有关机关和公众的审查建议石沉大海。③《行政复议法》第7条规定的可予复议审查的行政规范只能是规章以下的规范性文件，该规范性文件只能是被申请复议的具体行政行为的依据，且只能在对具体行政行为申请行政复议时一并提起，因此可通过复议途径审查的规范性文件范围必然受限。

　　针对上述不足，笔者认为可从以下几个方面予以完善：①制定《行政规范性文件制定程序条例》，对行政规范性文件制定的主体、程序和备案等进行全面规定，将规范性文件纳入国务院主动或应申请审查的范围。②在《规章制定程序条例》和新制定的《行政规范性文件制定程序条例》中增加国务院应有关机关和公众的审查建议而对相关规章和规范性文件进行审查的时限规定。③完善对规范性文件的复议审查规则：变相对人的附带申请权为单独申请权，即相对人可以单独就行政规范申请复议审查；变复议程序的间接性为直接性，即复议机关对于相对人单独就行政规范申请的复议审查，可以直接施用《行政复议法》所规定的受理和决定程序。另外，复议审查制度还应包括一种主动的职权审查制度，即复议机关在行政复议中，如发现被申请复议的具体行政行为所依据的行政规范违法或不当，即使申请人没有对该行政规范提出申请，也应当依职权主动撤销或变更，或提请有权的行政主体予以撤销或变更来解决❶（对于中国证监会而言，由于对其具体行政行为进行复议的机关是其自身，其对于自身制定的规章和规范性文件有权予以撤销或变更）。

（3）加强对中国证监会立法权行使的司法监督。

在我国，法院是否可以对中国证监会制定的规章和规范性文件进行审查，目前尚未明确。一方面，《中华人民共和国行政诉讼法》（以下简称"《行政诉讼法》"）第 12 条规定，行政法规、规章或者行政机关制定、发布的具有普遍约束力的决定、命令不属于人民法院的受案范围，也就是说法院在形式意义上无权对证监会制定的规章和规范性文件进行司法审查；另一方面，规章的"参照适用"又事实上使得法院可以对证券规章进行一定程度的审查。《行政诉讼法》第 53 条规定："人民法院审理行政案件，参照国务院部、委根据法律和国务院的行政法规、决定、命令制定、发布的规章以及省、自治区、直辖市和省、自治区的人民政府所在地的市和经国务院批准的较大的市的人民政府根据法律和国务院的行政法规制定、发布的规章。人民法院认为地方人民政府制定、发布的规章与国务院部、委制定、发布的规章不一致的，以及国务院部、委制定、发布的规章之间不一致的，由最高人民法院送请国务院作出解释或者裁决。"法院在审理行政案件时可以通过事实上的司法审查的方式来否定规章和规范性文件的效力，但是这种否决不具有普遍性，而且只是对行政案件的审理才可以决定是否参照适用，不能宣判规章违法性。另外，法院对于民事案件就无权进行司法审查，而由于证券规章很大一部分是调整民事行为的，因此这种有限的司法审查在证券规章

---

❶ 叶必丰、周佑勇：《行政规范研究》，法律出版社 2002 年版，第 221～233 页。

制定的司法审查方面是非常弱小无力的。❶

　　由于司法监督具有专业性和中立性强等特点，因此笔者认为有必要加强对中国证监会立法的司法监督。加强对中国证监会立法的司法监督应主要从以下几个方面着手：①将规章和规范性文件（包括中国证监会制定的规章和规范性文件，下同）纳入法院的受案范围，允许公民、法人或者其他组织对其认为违法的规章和规范性文件提起行政诉讼；❷ ②将"参照适用"的范围从规章扩大至规章和规范性文件；③在法院审理任何案件中发现规章和规范性文件违反上位法规定的，或规章与规章、规范性文件与规范性文件之间有冲突的，可由最高人民法院送请有决定权的机构作出解释或者裁决。

---

❶　万勇："中美证券规章制定监督制度比较研究"，载《行政与法》2006年第12期，第141~144页。

❷　2014年11月1日修订并将于2015年5月1日起施行的《行政诉讼法》已将规范性文件（不含规章）纳入了司法审查范围，但也只规定行政相对人在对行政行为提起诉讼时可一并请求审查，而不能单独对规范性文件提起诉讼。

中国证监会行使行政许可权存在的问题及解决建议

一、引 言

随着我国证券市场的发展，证券市场越来越成为我国境内企业融资和居民投资的一个重要场所，与此相对应，我国政府对证券市场的监管体系和制度也越来越完善。出于调控市场和保护投资者等目的，我国相关的证券立法中设定了数量可观的行政许可事项，其中绝大多数的证券行政许可事项被赋予了我国最主要的证券监管机构——中国证监会。那么，集众多行政许可权力于一身的中国证监会行使行政许可权的情况究竟如何，其能否出色地完成其使命？在本部分中，笔者在实证考察之基础上，试图对这一问题作出回答。

二、中国证监会行政许可权的来源

根据《中华人民共和国行政许可法》（以下简称《行政许可法》）第14～16条的规定：对于可以设定行政许可的事项，法律可以设定行政许可；尚未制定法律的，行政法规可以设定行政许可；必要时，国务院可以采用发布决定的方式设定行政许可；尚未制定法律、行政法规的，地方性法规可以设定行政许可；尚未制定法律、行政法规和地方性法规的，因行政管理的需要，确需立即实施行政许可的，省、自治区、直辖市人民政府规章可以设定临时性的行政许可；对于上位法设定的行政许可事项范围内，行政法规、地方性法规和规章可以对实施该行政许可作出具体规定。上述规定包含三层意思：（1）只有法律、行政法规、国务院决定、地方性法规和省级地方政府规章才享有设定行政许可的权力，部门规章、省级政府以外的地方政府规章及其他规范性文件均无权设定行政许可；（2）在有权设定行政许可的立法中，只有上位法无规定时，下位法才能设定行政许可；（3）对于上位法已设定的行政许可，下位法只能作出执行性的规定，而不能增设行政许可或作出其他违反上位法的规定。

根据《行政许可法》第 18 条的规定，设定行政许可，应当规定行政许可的实施机关、条件、程序和期限。第 23 条规定："法律、法规授权的具有管理公共事务职能的组织，在法定授权范围内，以自己的名义实施行政许可。被授权的组织适用本法有关行政机关的规定。"

由于我国实行的是全国统一集中的证券监管体制，地方并无证券市场的监管权限，故地方性法规和省级地方政府规章显然不可能成为中国证监会行政许可权的来源，因此，作为法律法规授权组织的中国证监会行政许可权的来源只能是法律、行政法规和国务院的决定。具体而言，目前中国证监会行政许可权主要来源于《公司法》《证券法》《基金法》《证券公司监督管理条例》《期货交易管理条例》《证券公司风险处置条例》《国务院对确需保留的行政审批项目设定行政许可的决定》（国务院令第 412 号）以及《国务院关于取消第二批行政审批项目和改变一批行政审批项目管理方式的决定》《国务院关于第三批取消和调整行政审批项目的决定》《国务院关于第四批取消和调整行政审批项目的决定》和《国务院关于第六批取消和调整行政审批项目的决定》。

三、中国证监会行使行政许可权存在的问题

中国证监会及其派出机构可实施行政许可的项目较多，仅在中国证监会网站公布的行政许可项目就达 40 多项（类）❶，而这些还仅仅是有合法的许可依据的项目，实践中还存在一些无合法依据但实质上属于行政许可的项目。为论述之方便，笔者主要以中国证监会网站上公布的行政许可为例，对中国证监会行使行政许可权中存在的问题进行分析。

（一）行政许可设定机关立法不规范导致中国证监会行政许可权力过大

由于行政许可本质上是对公民权利的限制，即为了公共利益之目的对公民从事某些活动设置一定的门槛，只有具备跨越门槛条件的公民才被允许从事该等活动，因此基于权利本位的考虑，对行政许可的设定及实施均应配备保障公民权利的相应制度。《行政许可法》第 18 条规定，设定行政许可，应当规定行政许可的实施机关、条件、程序、期限。该条的规定即体现了立法者的如下意图：希望行政许可的设定者（主要是国家和地方权力机关和较高级别的行政

---

❶ 中国证监会网站，http://www.csrc.gov.cn/pub/newsite/cj/cj_index.html，2014年9月16日访问。

机关）能对行政许可的主要相关事项事先予以明确，而不是留给行政许可实施机关（一般为较低级别的行政机关）自行决定或给予其较大的自由裁量权。但实践中，行政许可的设定机关在设定行政许可时却未遵循《行政许可法》的上述规定，有些对许可的条件只作了原则规定，同时规定实施机关有权规定其他条件，有些将许可的条件决定权赋予实施机关，有些甚至只规定设定行政许可的项目和实施机关，而未规定许可条件，也未规定由哪一机关来明确条件。上述做法为行政许可实施机关的恣意行政留下可乘之机，无法防止行政权力对私权利的过度介入，不利于保障行政相对人的合法权益，同时也无法对行政许可实施机关的依法行政实施有效监督。由于该等情况存在的普遍性但篇幅受限，因而笔者仅整理了中国证监会网站公布的涉及证券公司的行政许可中行政许可设定机关未依照《行政许可法》第 18 条规定设定行政许可的情况，如表 2❶ 所示。

表 2　涉及证券公司的行政许可中违反《行政许可法》

第 18 条规定的情况列表

序号	行政许可事项	行政许可设定依据	行政许可的其他相关规定	存在问题
1	保荐机构注册	《证券法》第 11 条	《证券发行上市保荐业务管理办法》第 9 条、第 13 ~ 15 条、第 65 条	行政许可设定机关未规定许可条件，授权中国证监会可设定条件

---

❶　表 2 及本部分的其他表格中的行政许可事项均来自中国证监会网站（2014 年 9 月 16 日访问），但设定依据和行政许可的相关规定则是笔者在中国证监会网站公布的相关信息上更新和整理而来。

续表

序号	行政许可事项	行政许可设定依据	行政许可的其他相关规定	存在问题
2	证券公司变更业务范围、注册资本、章程重要条款、公司形式及合并、分立审批	《证券法》第124条、第129条	《公司法》第9条、第44条、第77条、第79条、第96条，《证券公司监督管理条例》第9条、第10条、第13条、第16条，《证券公司业务范围审批暂行规定》第7～11条、第13条，《合格境内机构投资者境外证券投资管理试行办法》第2条、第5～9条	行政许可设定机关未规定详细的许可条件，也未规定由哪一机关来明确条件，实践中由中国证监会自行规定
3	证券公司融资融券业务审批	《证券法》第142条	《证券公司监督管理条例》第49条、《证券公司融资融券业务管理办法》第3条、第5～7条	行政许可设定机关未规定许可条件，也未规定由哪一机关来明确条件，实践中由国务院及中国证监会规定
4	证券公司在境外设立、收购、参股证券经营机构审批	《证券法》第129条第2款	《证券公司监督管理条例》第13条、第16条	行政许可设定机关未规定许可条件，也未规定由哪一机关来明确条件
5	证券公司变更持有5%以上股权的股东、实际控制人审批	《证券法》第124条、第129条	《证券公司监督管理条例》第10条、第14条、第16条	行政许可设定机关设定一定的条件，同时未授权行政法规或中国证监会进一步规定条件，但行政法规作了更严格的规定

序号	行政许可事项	行政许可设定依据	行政许可的其他相关规定	存在问题
6	境外证券经营机构从事外资股业务资格审批	《国务院对确需保留的行政审批项目设定行政许可的决定》《国务院关于第六批取消和调整行政审批项目的决定》	《境内及境外证券经营机构从事外资股业务资格管理暂行规定》第 2 条、第 6 条、第 9 条	行政许可设定机关未规定许可条件，也未规定由哪一机关来明确条件，实践中由中国证监会自行规定
7	证券公司停业、解散或者破产审批	《证券法》第 129 条	《证券公司监督管理条例》第 15 条	行政许可设定机关未规定许可条件，也未规定由哪一机关来明确条件

（二）越权增设许可

根据《行政许可法》第 16 条第 4 款的规定：法规、规章对实施上位法设定的行政许可作出的具体规定，不得增设行政许可。但在中国证监会的监管实践中，同样存在一些以自行制定的规章或规范性文件擅自创设行政许可事项的情形。如中国证监会在其制定的规范性文件《上市公司股权激励管理办法》中规定：上市公司实施股权激励计划需要将有关材料报中国证监会备案，中国证监会未提出异议的，上市公司可以发出召开股东大会的通知，审议并实施股权激励计划；中国证监会提出异议的，上市公司不得发出召开股东大会的通知审议及实施该计划。上述规定实质上赋予了中国证监会审批上市公司实施股权激励计划的权力，但该许可权力的赋予并无法律或行政法规的依据，因此明显属于越权擅自设定行政许可。

（三）越权增设许可条件

根据《行政许可法》第 16 条第 4 款的规定，法规、规章对行政许可条件作出的具体规定，不得增设违反上位法的其他条件。笔者对此款的理解是，如果法律已经对许可条件作出规定的，法规和规章（更不用说是其他规范性文件）就只能对行政许可条件作出细化规定，在已有的许可条件之外增设其他许可条件或作出与已有许可条件直接抵触的规定，都是"增设违反上位法的其他条件"。否则，行政机关就可以自行突破甚至在极端的意义上无限增设许可条件，从而把许可的门槛大大提高，同时也使自身的许可权力有无限扩张的可能。表 3 为笔者整理的中国证监会网站上公布的行政许可事项中存在越权增设许可条件情形的许可事项。

表 3 存在越权增设许可条件情形的许可事项

序号	行政许可事项	行政许可设定依据	行政许可的其他相关规定	存在问题
1	设立证券公司（不含外资参股证券公司）审批	《证券法》第 122 条、第 124 条、第 128 条	《证券公司监督管理条例》第 8 ~ 9 条、第 11 ~ 12 条、第 16 条	除授权中国证监会对证券公司除主要股东外的其他股东的相关要求作出规定外，中国证监会如规定其他条件需经国务院批准，但中国证监会就相关事项作出规定后未经国务院批准

续表

序号	行政许可事项	行政许可设定依据	行政许可的其他相关规定	存在问题
2	上市公司发行新股核准	《证券法》第13~15条、第19~20条、第22~25条	《上市公司证券发行管理办法》《创业板上市公司证券发行管理暂行办法》《中国证券监督管理委员会发行审核委员会办法》	根据《证券法》第13~15条第1款第（4）项的规定，中国证监会需对公司公开发行新股作出其他条件要求的，须经国务院批准，中国证监会制定的《上市公司证券发行管理办法》《创业板上市公司证券发行管理暂行办法》中对公司公开发行新股提出了《证券法》规定之外的条件，但这些办法未报国务院批准
3	首次公开发行股票（A股、B股）核准	《证券法》第13~15条、第19~25条	《首次公开发行股票并上市管理办法》《首次公开发行股票并在创业板上市管理办法》《中国证券监督管理委员会发行审核委员会办法》	根据《证券法》第13~15条第1款第（4）项的规定，中国证监会需对公司公开发行新股作出其他条件要求的，须经国务院批准，中国证监会制定的《首次公开发行股票并上市管理办法》《首次公开发行股票并在创业板上市管理办法》中对公司公开发行新股提出了《证券法》规定之外的条件，但这些办法未报国务院批准
4	发行可转换公司债券审批	《证券法》第16~19条、第24条	《上市公司证券发行管理办法》第14~35条	根据《证券法》第16条的规定，公司公开发行公司债券的条件只能由国务院规定，但中国证监会在自行制定的《上市公司证券发行管理办法》中对公司公开发行公司债券提出了《证券法》规定之外的条件，且该办法未报国务院批准

续表

序号	行政许可事项	行政许可设定依据	行政许可的其他相关规定	存在问题
5	基金管理公司设立	《基金法》第 13~14 条	《证券投资基金管理公司管理办法》第 6~16 条	根据《证券投资基金法》第 13 条的规定，中国证监会如对基金管理公司的设立有其他要求的，需报经国务院批准，但中国证监会自行制定的《证券投资基金管理公司管理办法》中对基金管理公司的设立提出了《证券投资基金法》规定之外的条件，且该办法未报国务院批准
6	基金托管资格核准	《基金法》第 34 条	《证券投资基金托管业务管理办法》第 8~15 条	根据《证券投资基金法》第 34 条的规定，中国证监会如对基金托管人有其他要求的，需报经国务院批准，但中国证监会自行制定的《证券投资基金托管业务管理办法》中对基金托管人的条件提出了《证券投资基金法》规定之外的条件，且该办法未报国务院批准

（四）行政许可实施程序存在的问题

1. 不在法定期限内作出许可决定

《行政许可法》在对许可期限作出一般性规定的同时，亦规定如法律和法规对许可期限另有规定的依照其规定。《证券法》及《证券公司监督管理条例》等法律法规就对一些主要的许可事项之许可期限作出了规定，但在实践中，违反上述法律法规之规定，任意超期作出行政许可决定的现象屡见不鲜。例如，《证券法》第 24 条规定：国务院证券监督管理机构或者国务院授权的部门应当自受理证券发行申请文件之日起 3 个月内，依照法定条件和法定程序作出予以核准或者不予核准的决定，发行人根据要求补充、修改发行申请文件的时间不计算在内。而在实践中，从中国证监会受理证券发行人的发行申请到中国证监会作出核准或不核准的决定的期间，一般都要 1.5 ~ 3 年，甚至更长（例如遇到股权分置改革新股发行停止）❶。更为重要的是，中国证监会似乎并不认为上述超期作出许可决定的行为是违法的，❷ 恰恰相反，这种超期行为不但被视为常态，而且被视为其调控市场之必不可少的手段——在证券市场行情不好时放缓甚至停止证券发行审核，市场行情看好时则可加快审核速度。

2. 行政许可信息披露工作存在不足

根据《行政许可法》第 30 条和第 33 条的规定，行政机关应当将法律、法规、规章规定的有关行政许可的事项、依据、条件、数量、程序、期限以及需要提交的全部材料的目录和申请书示范文本等在办公场所公示；应当建立和完善有关制度，推行电子政务，在行政机关的网站上公布行政许可事项。《政府信息公开条例》也作出了类似规定。由于中国证监会的许可事项较多，相关许可要求也甚为复杂，因此要求其在办公场所公示《行政许可法》第 30 条规定的事项似乎不太可行，故在实践中中国证监主要是在其网站上公布相关信息。值得一提的是，2010 年，中国证监会试点即时公开证券机构行政许可项目、证券投资基金募集申请、期货机构行政许可项

---

❶ 较为集中的例外可能就是 2009 年创业板设立前第一批通过审核的 28 家企业。该 28 家企业从其股票发行申请被中国证监会受理到被核准，仅花了不足 3 个月的时间，而中国证监会此次能够"严格执法"，据业界称也是因为中国证监会希望赶在国庆前向国庆 60 周年献礼。

❷ 当然，中国证监会可以将超出的时间解释为要求发行人补充、修改发行申请文件的时间从而使其行为合法化。

目等部分行政许可事项的办理过程信息，按照审核过程中材料接收、补正、受理、反馈、核准等不同阶段，公开审核的具体进程和时间，严格按照申请项目规定的时间及申报的顺序进行审核，申请人可以在中国证监会外网随时查看所申报项目的具体审核状态和每一阶段的办结时间；2011 年，在总结试点经验的基础上，中国证监会进一步增加和规范公开内容，提高信息更新频率。目前公众可以在中国证监会网站上查看到上市公司并购重组行政许可、基金管理公司设立申请审核情况、期货机构行政许可申请受理及审核情况、首次公开发行股票申报企业情况、证券机构行政许可申请受理及审核情况、证券投资基金募集申请行政许可受理及审核情况，上述情况一般为每周或每月定期更新，公众还可以在中国证监会网站查看到上述事项审核的内部流程。应该说，这些改进有利于申请人和社会公众对审核工作的监督，促进中国证监会依法公正审核并提高审核效率。然而，根据笔者的调查，中国证监会在其网站上公布的行政许可信息仍然存在以下几点不足：

（1）行政许可事项公布不齐全。例如，根据《证券法》的规定，证券登记结算机构的设立、章程、业务规则及解散需要取得中国证监会的批准，且该等事项又不属于国务院列举的非行政许可事项，但中国证监会网站上公布的行政许可事项中却未包括上述事项。

（2）许可依据不准确。如合格境外机构投资者托管人资格审批和合格境外机构投资者资格审批的依据是《国务院对确需保留的行政审批项目设定行政许可的决定》，但中国证监会网站上公布的许可依据仅为中国证监会自己制定的规范性文件《合格境外机构投资者境内证券投资管理办法》，而根据《行政许可法》的相关规定，中国证监会自行制定的规范性文件是不能作为许可依据的。

（3）许可依据、程序等信息未及时更新。例如，新修订的《基金法》已于 2013 年 6 月 1 日开始实施，但截至 2013 年 12 月 31 日，中国证监会网站上公布的众多关涉基金管理公司的行政许可事项仍然将修订前的《基金法》作为许可依据。

四、完善中国证监会行政许可权行使的建议

针对中国证监会行使行政许可权过程中存在的问题，笔者认为，可从以下几个方面予以完善。

1. 定期和适时对许可事项进行评价，废止不合时宜的行政许可事项

从根本上讲，所有行政许可存在的问题都源于行政许可的存在，行政许可可以说是一种"必要的恶"。因此，尽可能地缩减行政许可的范围，是解决行政许可存在问题的根源。随着社会经济的发展，"必要的恶"也可能会转化为"不必要的恶"，因而及时对已经不合时宜的行政许可予以废止就是必需的。

《行政许可法》第 20 条建立了行政许可的定期和适时评价机制。根据该条规定，行政许可的设定机关应当定期对其设定的行政许可进行评价；对已设定的行政许可，认为通过该法第 13 条所列方式能够解决的，应当对设定该行政许可的规定及时予以修改或者废止；行政许可的实施机关可以对已设定的行政许可的实施情况和存在的必要性进行适时评价，并将意见报告该行政许可的设定机关。公民、法人或者其他组织可以向行政许可的设定机关和实施机关就行政许可的设定和实施提出意见和建议。然而，上述规定目前可以说仅停留在纸面，主要表现在：（1）该条并未对"定期"的期限作出具体

规定，而目前在中央一级也缺乏统一的行政许可评价立法。（2）该条仅规定行政许可的实施机关"可以"对已设定的行政许可的实施情况和存在的必要性适时进行评价，这意味着评价并非是行政许可实施机关的义务或职责，而是一种"权利"，这就使得最有可能知道该许可存在必要性与否的机关选择不行使该权利，因为许可事项的存在就意味着其许可实施权的存在，而任何一个权力机构都不愿意主动放弃其拥有的权力。中国证监会 2004 年颁布的《行政许可实施程序规定（试行）》中就对行政许可的评价机制只字未提。（3）具有公众参与色彩的公民评价机制被虚置。该条规定公民可以对许可设定提出建议，体现了现代社会契约行政的要求。然而，这一法律规定更多地停留在一种法律宣言的地位，一直徘徊在低制度化的程度。虽然法律规定设定行政许可应当采用论证会、听证会形式采纳民意，但现实中采用这种方式的寥寥无几，且大多停留在形式主义，民众对参与许可评价的热情也不是很高。❶

针对上述行政许可评价机制存在的问题，笔者认为，中央一级应尽早出台统一的许可评价制度立法，明确评价机制的启动时限，将行政许可实施机关对行政许可适时进行评价的权利规定为职责，并扩大公众参与评价的深度和广度。

2. 设定行政许可的立法应按《行政许可法》的规定予以规范

为保障符合行政许可设定机关要求的条件之公民能够获得许可，确保其获得许可的权利不被行政许可实施机关侵蚀，设定行政许可的立法应按《行政许可法》的规定明确许可条件，而不是赋予许可实施机关规定"其他"条件的权力，甚至未规定任何条件而在实践

---

❶ 李诗林："论行政许可设定范围的合理界定——对《行政许可法》第 13 条的批判性思考"，载《行政法学研究》2008 年第 2 期，第 69～73 页。

中放任实施机关任意规定许可条件。当然，对于个别许可条件确实需要根据社会经济的发展而给予经常性调整的，为保持立法的灵活性，也可考虑赋予实施机关规定许可条件或"其他许可条件"，但应同时规定实施机关行使这一权力时应获得行政许可设定机关的批准。

3. 对中国证监会越权增设的行政许可事项或行政许可条件之规定予以清理或由有权机关补充设定、批准，建立对中国证监会规范性文件的审查制度

《行政许可法》实施前和实施后，国务院和中国证监会集中对行政审批事项进行了清理。但正如前文所述，仍然存在中国证监会越权增设行政许可事项和越权增设行政许可条件的情形。因此，有必要对该等事项和条件进行清理，废止相关许可的规定，用其他监管方式代替行政许可，如该等行政许可事项或条件确有必要存在，则应报国务院等有权机关补充设定或批准。当然，上述办法仅仅是事后补救性质的，为杜绝中国证监会越权增设行政许可事项和条件，应建立有效的事前预防机制。笔者认为，规范中国证监会规范性文件的制定程序是这一事前预防机制建立的关键。理由是：根据《立法法》《行政复议法》《规章制定程序条例》及中国证监会制定的《证券期货规章制定程序规定》，规章的制定均有法可依且程序较为严格，事前监督较为严密，因此越权增设行政许可事项及增设许可条件的可能性较小，即使该等规章制定出来，还有事后的常规监督机制可以起到监督和补救的作用，如《立法法》规定国务院有权改变或者撤销不适当的部门规章，《规章制定程序条例》规定国家机关、社会团体、企业事业组织、公民认为规章同法律、行政法规相抵触的，可以向国务院书面提出审查的建议并由国务院法制机构研

究处理等。相比之下，中国证监会规范性文件的制定目前却处于"无法可依"之状态，不但制定主体过宽过乱，而且制定过程中缺乏公众参与、法律部门的审查等程序，这必然会增加规范性文件内容违法的可能性，如笔者前文列举之中国证监会越权增设的行政许可事项均是由中国证监会的规范性文件所为。而对于规范性文件的事后监督，目前虽有《行政复议法》中关于"公民、法人或者其他组织认为行政机关的具体行政行为所依据的国务院部门的规定（不包括规章）不合法的，在对具体行政行为申请行政复议时，可以一并向行政复议机关提出对该规定的审查申请"的规定，但因此种监督具有个案监督、被动监督（只能由行政相对人提起）、间接监督（复议机构无权直接对违法的规范性文件作出撤销等处理）的特点，故监督的功效非常有限。因此，笔者建议在国家立法机关或国务院出台对规范性文件的制定程序办法之前，中国证监会可以以规章形式先行对自身规范性文件的立项、起草、审查、决定、公布、备案、解释、修改、废止等予以规范。

4. 严格执行法律和行政法规规定的许可实施程序

如果执法者本身不守法，其对监管对象的守法要求必然是苍白无力的。中国证监会要想建立执法权威，提高执法效率，就必须首先塑造自身的守法者形象。而由于程序的直观性，遵守程序法之规定与否更容易为行政相对人所感知，也更容易引起行政相对人的反应。因此，中国证监会应严格执行法律和行政法规规定的许可实施程序，尤其应在行政许可的期限及信息披露方面作出改进。

中国证监会调查机制存在的
问题及解决建议

一、引　言

取得信息是行政活动的第一步，调查是行政机关取得信息的手段，可以说没有调查先行的行政决定是不存在的。❶ 证券监管机构的调查在证券监管活动中亦同样占有十分重要的地位。国际证监会组织（International Organization of Securities Commissions）在其发布的《证券监管的目标与原则》一文中就提出，监管者拥有全面、有效和可靠的调查权力是证券监管执法的重要原则之一。❷ 行政调查可在不同的意义上使用。在最广泛的意义上，行政调查可指行政主体取得信息的活动；在较狭窄的意义上，是指构成要件事实调查，包括授益处分作出之前所做的许可要件审查和对违反义务行为准备实施行政制裁之前所作的违法事实调查。❸ 本部分仅关注违法事实调查。

---

❶ ［日］盐野宏著，杨建顺译：《行政法总论》，北京大学出版社 2008 年版，第 170 页。

❷ International Organization of Securities Commissions：Objectives and Principles of Securities Regulation，June 2010，http：//www. iosco. org/library/pubdocs/pdf/IOSCOPD154. pdf.

❸ 应松年：《当代中国行政法（上卷）》，中国方正出版社 2004 年版，第 811 ~ 812 页。

　　2006 年，广东科龙电器股份有限公司原董事长顾雏军涉嫌犯罪在佛山市中级人民法院庭审期间，通过其亲属公开散发"举报信"，称中国证监会对科龙电器实施调查不符合规定的立案程序。2006 年 12 月，中国证监会有关负责人就此发表了谈话，称科龙电器一案的查处是完全符合规定程序的，该谈话中提到中国证监会根据《证券法》《中华人民共和国行政处罚法》（以下简称"《行政处罚法》"）等法律法规的规定制定了具体的证券期货案件调查规则，并介绍了证券期货案件调查的基本程序。然而，笔者从公开途径并未找到中国证监会负责人所称的相关"证券期货案件调查规则"。据笔者向有关证券监管机构人员了解，中国证监会确实制定了证券期货案件调查规则，但该规则仅在证券监管机构内部使用，并不对外公开。❶然而，即使是中国证监会制定的上述规则，亦未对可启动调查程序的情形、调查过程中调查人与被调查人的具体权利义务、调查终结时中国证监会的相关义务等未作规定或规定得十分不完善。由于《证券法》《行政处罚法》或未对上述事项予以规定，或规定得十分原则，因此如果中国证监会没有对相关事宜作进一步的细化规定或规定不予公开，那么，调查权力就有可能落入恣意的陷阱，这不但不利于被调查人的权利保护，而且会影响中国证监会的公正执法形象。为此，本部分旨在借鉴其他国家相关经验的基础上，对中国证

---

　　❶ 1999 年，中国证监会曾制定并发布《中国证券监督管理委员会调查处理证券期货违法违规案件基本准则》，该规范性文件中部分章节涉及证券期货违法违规案件的立案、调查等程序，但该规范性文件制定的时间较早，未能包含后来《证券法》修改后赋予中国证监会的一些调查权限，也未能与中国证监会在该文件制定后在稽查机构方面进行的改革契合，且笔者从科龙电器案中国证监会有关负责人的讲话以及对证券监管机构的访谈中获知，目前实行的调查规则与该文件中规定的调查规则有较大出入，因此笔者判断目前实行的调查规则应不是 1999 年颁布的《中国证券监督管理委员会调查处理证券期货违法违规案件基本准则》。

监会的调查机制之现状与完善作一探索性研究。

二、调查程序的启动

澳大利亚证券与投资委员会（Australian Securities and Investments Commission, ASIC）通过公众投诉、其他政府部门的移交、ASIC 自身的监管活动以及被监管企业依法主动报告来发现违法行为。接到该等违法线索后，ASIC 会判断该等违法情事是否属于其管辖范围。如是，则通过对该等违法情事所造成的损害程度或受益程度、相关证据情况以及是否有其他解决方式等因素来判断是否应启动调查。如果觉得有必要启动调查，则会将案件转给违法阻慑小组（deterrence team），而违法阻慑小组要启动正式调查则必须有理由怀疑违法情事存在，法院认为"有理由怀疑"须超越简单的推测。❶

美国 SEC 通过以下途径发现欺诈或其他违法行为：地方执法机构、不满的员工、竞争者或其他偶然的途径。除了这些来源外，SEC 对公众公司违法行为的主要探测工具是分析公众公司财务信息和注册声明中披露的其他信息以及公众公司应要求应提交给 SEC 的报告。此外，SEC 的检查结果也是发现证券违法行为的主要来源。SEC 实行三种检查类型：（1）常规检查（routine inspection），这是 SEC 最为倚赖的检查程序。即使是常规检查，SEC 也把有限的资源放在违规风险高的企业上。（2）特定检查（cause inspection），该类检查专注于特定违法情事。这类检查是基于投资者的投诉、员工或竞争者的报信、新闻报道及其他显示违法情事有可能正在进行的来

---

❶ ASIC's approach to enforcement, http：//www. asic. gov. au/asic/ASIC. NSF/byHeadline/Investigations% 20and% 20enforcement.

源而启动的。与常规检查的事先安排和通知不同，这种检查经常是突然的、未经通知的。（3）扫除性检查（sweeping examination），这种检查被运用得越来越多。这种检查一般包括要求提供信息，或者在要求提供信息之前或之后到访企业以决定该行业的某个样本企业正在处理的某一特定监管合规问题是否为监管的焦点及未来列入调查的可能性。为了发现证券经纪、投资顾问、投资公司、交易代理、清算机构、非银行支付和市政证券经纪人等这些应在 SEC 注册的企业的违法行为，SEC 还拥有另外一个更强有力的机制——检查这些企业的账簿和档案，这一权力规定在许多联邦证券法律中。虽然 SEC 法定的检查权仅限于账簿和档案，但在实践中 SEC 员工还会通过请求提交书面材料和非正式会见企业高管和员工来运用检查权，从而收集相关信息。检查之后，如果检查人员认为企业的行为或企业缺乏监管或企业政策或程序等方面需要 SEC 执行部（division of enforcement）采取进一步措施，检查人员则将作出移转的决定。检查人员作出这个决定之前一般咨询执法部人员或其他合适部门的意见。这个决定还可能被 SEC 各部门职员组成的委员会复核。SEC 拥有广泛的授权去实行调查，只要 SEC 认为有必要去决定任何人是否已经违反、正在违反或将要违反联邦证券法律。事实上，SEC 的调查权可以与联邦大陪审团调查刑事违法案件的强大权力相媲美。SEC 很可能仅基于它怀疑违法情事正在发生甚至仅仅是想确定违法情事并不存在就可启动调查。此外，SEC 签发正式的调查命令无须给被调查对象通知或给其听证的机会。❶

中国证监会在何种情况下可以启动调查程序？我国相关法律法

---

❶ Michael J. Missal and Richard M. Phillips：*Securities Enforcement Manual*：*Tactics and Strategies*，2nd Ed，2007，pp. 17～19，pp. 42～43.

规并未对此予以明确的规定，但综合《证券法》第十章的相关规定看，只要是违法从事法律、行政法规规定属于中国证监会监管范围内的证券活动的，中国证监会都有权进行调查，而"违法"应包括违反法律、行政法规以及中国证监会根据法律的授权制定的授权立法。从实践中看，违法行为的线索主要来自公众举报、媒体报道、中国证监会及其派出机构各职能部门日常监管中的发现、证券交易所的报告。那么，中国证监会在获得违法线索后，是否必须启动调查程序？根据中国证监会目前的内部立案规则，中国证监会各部、室对于举报或外单位转来的材料以及日常监管中发现的问题，应进行审查或初期调查，经审查或初期调查认为需要立案查处的，应当提出立案建议，会商调查部门，报中国证监会负责人（分管副主席）批准；中国证监会调查部门可直接提出立案建议，报中国证监会负责人批准；派出机构立案，由日常监管处室、稽查处室提出建议，派出机构负责人批准。也就是说，中国证监会在获得任何违法线索后都必须予以处理，即进行"审查或初期调查"，但是其有权决定是否立案调查。这一做法与各国普遍实行的"依职权调查原则"是一致的。但是，上述规程未明确：对于举报或外单位转来的材料进行审查或初期调查后决定不予立案调查的，中国证监会是否应说明理由？笔者认为，根据正当程序的原则，中国证监会应说明理由。例如，1999 年，台湾地区的"行政程序法"第 37 条就规定："当事人于行政程序中，除得自行提出证据外，亦得向行政机关申请调查事实及证据。但行政机关认为无调查之必要者，得不为调查，并于第四十三条之理由中叙明之。"

三、调查机构与权限

（一）调查机构

澳大利亚 ASIC 负责证券违法调查的机构为违法阻慑小组，美国 SEC 中负责证券违法行为的调查机构是执行部，英国金融行为管理局❶（FCA）中负责金融违法行为的调查机构是执行及金融犯罪科（The Enforcement and Financial Crime Division），中国香港特别行政区证监会负责证券违法行为的机构为法规执行部下设的调查科。

中国证监会目前具体负责正式调查的机构为稽查总队和中国证监会各派出机构之稽查部门。稽查总队主要负责调查内幕交易、市场操纵、虚假陈述等重大案件以及涉及面广、影响大的要案、急案、敏感类案件，后者主要负责辖区内案件的调查以及非正式调查和各类协查工作。此外，中国证监会在天津、沈阳、上海、济南、武汉、广州、深圳、成都、西安设立了 9 个大区稽查局，负责调查辖区内证券期货违法违规案件和中国证监会交办的案件，大区稽查局与大区证管办为一套机构、两块牌子，但由于操作上的困难，目前实践中这九大区稽查局已形同虚设。2012 年，中国证监会组建稽查总队上海、深圳支队，负责上海、深圳及周边区域的证券期货违法违规案件。

除正式调查外，中国证监会实际上还行使非正式调查的权力，

---

❶ 根据 2012 年《金融服务法》，2013 年 4 月 1 日，原由英国金融服务管理局（FSA）负责的审慎监管和行为监管由两个新的机构——审慎监管局和金融行为监管局分别负责，前者作为英格兰下属机构，后者在 FSA 基础上改建。

即在正式立案前，获得线索的有关职能部门对相关事实进行初步调查。行使这一权力的内部机构是相当广泛的，不但包括稽查部门，还包括其他各职能部门。由于其他职能部门的人员一般而言并不具备从事调查工作的专业素养，如由该等人员进行非正式调查，则极有可能会出现因违法行使调查权力而给调查对象带来侵害，或因调查技术和手段的缺乏而导致作出不予立案正式调查的错误判断，抑或引起被调查对象的察觉从而给今后的正式调查带来干扰等情形。因此笔者认为，包括非正式调查内的所有调查工作均应由稽查局进行，这与非正式调查程序较为成熟的国家或地区的做法是一致的，如美国 SEC 的非正式调查是由执行部统一进行的，中国香港特别行政区证监会的非正式调查则是法规执行部的职责。

（二）调查权限

有学者认为，行政调查权一般应包括如下几项：（1）查阅文件、档案、册籍等资料的权力；（2）传唤证人和要求出具证言的权力；（3）进入生活场所、营业场所进行检查的权力；（4）进行鉴定和进入现场勘验的权力；（5）临时处置权，即调查机关在调查中遇到各种紧急情况时，为保护公共利益需要，可采取一些临时措施的权力。[1]

在澳大利亚，ASCI 有权：（1）要求相关当事人提供相关资料和信息，并可以复制；（2）检查相关文件；（3）询问当事人，此时当事人有权由其律师陪同；（4）协助调查；（5）向法院申请搜查令。[2]

---

[1] 赖声利、叶阳："行政调查权探析"，载《法制与社会》2008 年第 4 期，第 145 ~ 146 页。

[2] ASIC's approach to enforcement, http：//www. asic. gov. au/asic/ASIC. NSF/byHeadline/Investigations% 20and% 20enforcement.

在美国，调查可以由 SEC 正式启动，也可以由 SEC 执法部的职员（这些职员可能来自华盛顿特区总部和 11 个地区办公室）非正式启动。非正式调查可以在任何时候转为正式调查，只需获得 SEC 的一个命令，SEC 已授权执行部负责人颁发命令，这一权力还可以由该负责人再授权给执行部的高级官员。在 SEC 职员认为必须需要传唤的权力以获得相关文件或证言时，SEC 职员经常会寻求这个正式调查的命令。在进行正式调查时，SEC 可以签发两种传票：一是前置提供文件的传票，二是要求证人作证的传票。证人在调查阶段享有的权利具体包括：在任何时候咨询律师，可在任何时候要求暂时休息，可要求在回答问题前审阅相关文件，可以拒绝回答作证人不理解的问题直至这些问题被释明。如果不是因被传票传唤而作证的话，他可以在任何时候拒绝回答任何问题或终止作证程序。❶

在英国，FCA 在调查过程中可以行使如下权力：（1）要求被调查人提交相关文件或信息。（2）询问当事人并要求被调查人回答相关问题，但在被调查人可能涉嫌刑事犯罪或操作市场的调查中，被调查人有权不回答相关问题，而且 FCA 还必须在调查开始时提醒被调查人其拥有沉默权，此外在被调查人是与金融服务行业没有专业联系的人士（如只是欺诈或不当行为的受害者）时，FCA 也经常会寻求被调查人自愿性地提供信息。如果被调查人员不理睬 FCA 的上述要求，则可能会视为藐视法庭，而 FCA 也可以以该等行为属于严重的不合作行为为由从而采取相关措施，在必要的情况下，FCA 还可以请求警察逮捕当事人以便其接受询问。（3）在特定情况下请求治安法官签署委任状，授权 FCA 调查人员、警察或 FCA 在警察的监

---

❶ Michael J. Missal and Richard M. Phillips：*Securities Enforcement Manual*：*Tactics and Strategies*，2nd Ed，2007，pp. 44～48，p. 83，p. 144.

督下进入相关场所进行搜查并取得相关文件或信息。❶

　　在中国香港特别行政区，调查权限表现为：（1）任何受调查人，或调查员有合理因由相信是管有、载有或相当可能载有与调查有关的数据的任何记录或文件的人，或调查员有合理因由相信是以其他方式管有该等数据的人，须在该调查员以书面合理地要求的时间内，在该调查员以书面合理地要求的地点，向该调查员交出该调查员指明的与或可能与该项调查有关的并且是由该人所管有的记录或文件；按该调查员的要求，就交出的记录或文件向该调查员提供解释或进一步详情；在该调查员以书面合理地要求的时间和地点，面见该调查员，并回答该调查员就调查中的事宜向该人提出的问题；就该项调查向该调查员提供所有该人按理能够提供的协助，包括回答该调查员提出的书面问题。（2）调查员可以书面要求根据本条提供或作出解释、详情、答案或陈述的人在该要求指明的合理期间内，藉法定声明核实该解释、详情、答案或陈述，而该声明可由该调查员监理。（3）如任何人没有按照根据本条施加的要求提供或作出解释、详情、答案或陈述的理由，是该解释、详情、答案或陈述是他所不知道的或并非由他管有的，则调查员可以书面要求该人在该要求指明的合理期间内，藉法定声明核实他因该理由不能遵从或不能完全遵从（视属何情况而定）该要求，而该声明可由该调查员监理。（4）调查员可向证监会作出中期调查报告，如证监会有所指示，则调查员须向该会作出中期调查报告，而在调查完成后，调查员须向该会作出最后调查报告。（5）证监会可在律政司司长的同意下，安排发表相关报告。（6）如受调查人不按调查员的要求履行上述第（1）（2）（3）项义务，则香港证监会可藉原诉传票或原诉动

---

　　❶　The Enforcement Guide of FCA，见 http：//fshandbook. info/FS/html/handbook/EG.

议，就该项不遵从向原讼法庭提出申请，原讼法庭如相信被调查人不遵从该要求是无合理辩解的，则原讼法庭可命令该人在原讼法庭指明的期间内遵从该要求；原讼法庭相信该人是在无合理辩解的情况下没有遵从该要求的，则原讼法庭可惩罚该人及明知而牵涉入该项不遵从的任何其他人，而惩罚的方式犹如该人及（如适用的话）该其他人犯藐视法庭罪一样。❶

中国证监会在调查过程中的权限主要规定在《证券法》第 180 条。根据该条规定，中国证监会在调查过程中可以行使以下权力：（1）进入涉嫌违法行为发生场所调查取证。（2）询问当事人和与被调查事件有关的单位和个人，要求其对与被调查事件有关的事项作出说明。（3）查阅、复制与被调查事件有关的财产权登记、通信记录等资料。（4）查阅、复制当事人和与被调查事件有关的单位和个人的证券交易记录、登记过户记录、财务会计资料及其他相关文件和资料；对可能被转移、隐匿或者毁损的文件和资料，可以予以封存。（5）查询当事人和与被调查事件有关的单位和个人的资金账户、证券账户和银行账户；对有证据证明已经或者可能转移或者隐匿违法资金、证券等涉案财产或者隐匿、伪造、毁损重要证据的，经国务院证券监督管理机构主要负责人批准，可以冻结或者查封。（6）在调查操纵证券市场、内幕交易等重大证券违法行为时，经国务院证券监督管理机构主要负责人批准，可以限制被调查事件当事人的证券买卖，但限制的期限不得超过 15 个交易日；案情复杂的，可以延长 15 个交易日。

应该说，根据上述规定，中国证监会拥有一般行政机关所拥有的调查权力，而且与 1999 年《证券法》相比，现行《证券法》还

---

❶ 《香港证券与期货条例》第 183 条、第 185 条。

加强了中国证监会的调查权力，赋予中国证监会冻结被调查对象及有关单位或个人的银行存款这一普通行政机关所不具有的关键性权力。但与发达证券市场国家或地区如美国、澳大利亚和中国香港特别行政区的证券监管机构所拥有的调查权限相比，仍然存在以下不足：（1）没有强制传唤的权力，现行《证券法》仅规定中国证监会有权询问当事人和与被调查事件有关的单位和个人，但未明确是否可以传唤当事人和与被调查事件有关的单位和个人到指定地点接受询问。（2）没有规定中国证监会拥有向法院申请禁止有关当事人转移或以其他方式处分财产，或者在财产上设定其他权利的权力。《证券法》第154条虽然规定在证券公司被责令停业整顿、被依法指定托管、接管或者清算期间，或者出现重大风险时，中国证监会可以申请司法机关禁止该证券公司直接负责的董事、监事、高级管理人员和其他直接责任人员转移、转让或者以其他方式处分财产，或者在财产上设定其他权利。但这一条款一方面并非是规定中国证监会在调查期间所拥有的权力，另一方面其适用对象和适用情形也过于狭窄。（3）中国证监会限制或暂停当事人相关职能、业务、行为、权利的权力太过受限。《证券法》第180条赋予中国证监会在调查操纵证券市场、内幕交易等重大证券违法行为时可以限制被调查事件当事人买卖证券的权力。这是仅有的关于中国证监会在调查过程中可以行使的限制或暂停当事人相关职能、业务、行为、权利的权力。此外，《证券法》第150～151条规定证券公司的净资本或者其他风险控制指标不符合规定且未按期整改或证券公司的股东有虚假出资、抽逃出资行为时，中国证监会可以对证券公司或其股东采取限制业务或权利的措施；中国证监会颁布的《证券投资基金运作管理办法》《证券发行上市保荐业务管理办法》《上市公司回购社会公众股份管理办法（试行）》等规范性文件又进一步将中国证监会有权采取该等措施的对象扩大到基金管理公司、发行人、上市公司、保荐机构及相关人员，适用的范围也相应扩大。但与调查证券违法行为可能涉及的被调查对象及范围相比，上述关于中国证监会限制或暂停当事人相关职能、业务、行为、权利的权力的适用对象和范围仍然是不够的。

值得一提的是，虽然一方面中国证监会的调查权限仍存不足，但另一方面其调查权又缺乏约束，例如对一次进入现场的时间没有限制，没有赋予被调查对象对中国证监会在调查过程中对被调查对象采取的措施提出异议的权利以及在被询问时是否可以由律师陪同的权利等。

笔者认为，针对上述不足，立法者应修改《证券法》的相关规定，从以下几个方面加强和完善中国证监会的调查职权：（1）赋予中国证监会传唤当事人和与被调查事件有关的单位和个人到指定地点接受询问的权力；（2）赋予中国证监会在调查期间向法院申请禁止有关当事人转移或以其他方式处分财产，或者在财产上设定其他权利的权力；（3）规定中国证监会有权在调查期间根据需要限制或暂停当事人与证券业务有关的职能、业务、行为和权利；（4）对中国证监会每次进入现场调查的时间予以限制；（5）赋予当事人和被调查对象对中国证监会在调查过程中采取的措施向中国证监会提出异议的权利；（6）明确被调查对象在被询问时有要求律师陪同的权利。

四、调查程序

学者黄学贤认为，在进行行政检查❶时应遵守以下程序规则：（1）表明身份。一般在口头说明的同时还要出示相关身份证明。（2）说明理由。除法律法规有特别规定外，行政主体应当公开进行行政检查，并向有关当事人说明实施行政检查的原因、依据以及进行检查的方法。行政检查主体在作出行政检查结论之前，尤其是在作出对行政相对人不利的行政调查结论之前，应当允许行政相对人陈述和申辩。而且，行政检查主体必须在作出行政检查结论之前或之时，对行政相对人说明作出行政检查结论的理由，并以书面方式通知行政相对人。（3）提取证据。（4）告知检查结果，一般要以书面形式告知。（5）告知权利，在检查结束后必须告知相对人有关权利，包括对检查结果的申辩权、对检查行为不服的申请行政复议、提起行政诉讼及请求行政赔偿的权利。❷

在英国，除特殊情况外，FCA 的调查一般是非公开的，一般不会向公众公开其正在进行或尚未进行某项调查，而其也希望被调查的人员对 FCA 的调查予以保密，但被调查的人员可以向法律顾问等专业人士寻求建议，在 FCA 与被调查人员面谈时，被调查人员可以由律师陪同。FCA 在开展调查前一般会向被调查的当事人出具书面通知，除非该等通知会导致阻碍调查的结果，该等书面通知应说明调查人员被任命的法律依据及被任命的原因。而在结束调查且拟不

---

❶ 此处的行政检查包括行政调查。

❷ 黄学贤："行政检查"，见应松年：《当代中国行政法（上卷）》，中国方正出版社 2005 年版，第 829 ~ 831 页。

进一步采取措施的情况下，如果 FCA 之前已向被调查的当事人出具了书面通知，则即使法律并无明确要求，FCA 一般也会向该等当事人出具书面的终止调查的通知。如调查人员觉得有必要采取进一步行动，则其会将案件文件提交给规制决定委员会（Regulatory Decisions Committee，RDC）如果 RDC 认为合适时，它会发出警示通知，通知相关当事人 FCA 有意采取进一步措施的书面文件，该通知必须告知当事人 FCA 拟采取措施的细节及当事人享有的陈述权利。❶

在美国，SEC 的调查一般而言是保密的，且由于 SEC 作出的调查决定不属于最终的行政行为，因而他们无须遵守行政程序法规定的司法审查程序。调查可以由 SEC 正式启动，也可以由 SEC 执法部的职员（这些职员可能来自华盛顿特区总部和 11 个地区办公室）非正式启动。非正式调查可以在任何时候转为正式调查，只需获得 SEC 的一个命令，SEC 已授权执行部负责人颁发正式调查令，这一权力还可以由该负责人再授权给执行部的高级官员。如果认为必须需要传唤的权力以获得相关文件或证言的时候，SEC 职员经常会寻求这个正式调查的命令。正式的调查令一般包括三部分：（1）公开公文档案，这部分的信息是在 SEC 公开档案中的信息。（2）职员报告，主要是用结论性的形式列举职员认为相关行为可能违反的法律或规则。（3）命令。该部分列举已经发生或可能正在发生的违法或违规行为以及指派和授权职员去监督宣誓及签发传票。但从调查令中无法看出职员怀疑的问题。当调查人员要作出调查结论并作出提交给执法部门的建议之前，调查人员经常会将该建议通知被调查人员的法律顾问，并给该法律顾问机会去提供 "Wells Submission"。该通知往往先是口头通知，被称为 "Wells Call"，该通知的内容一般

---

❶ The Enforcement Guide of FCA，http：//fshandbook. info/FS/html/handbook/EG.

是职员认为被调查对象将被控告违反的联邦法律的条款以及相关的事实和法律前提，特别地，职员将告知执行措施将采取的形式（如民事禁令或行政程序）及职员将建议 SEC 采取的救济措施。口头通知之后一般都会跟着一封正式的信函（Wells Notice），该信函重复职员的口头通知中的内容。在 Wells Submission 程序中，职员并不被要求把调查记录提供给被调查人的律师，而职员经常也不会这么做，但是，这是属于职员自行裁断的领域。在终止调查程序时需向相关当事人发送终止通知。正式调查只能由 SEC 或 SEC 授权的执行部首长终止。❶

在澳大利亚，ASIC 的调查一般也是秘密进行的，ASIC 不会在调查中告诉被调查人他是潜在的被告方，但如果已经告知，则在调查结束时就必须通知被调查人调查已经终止。在调查中，相关当事人必须回答某些问题，但其回答时可以有律师陪同。调查中如要求某人提交资料，则须签发书面的通知。该通知中需描述 ASIC 需要的资料、提供的时间（时间必须是合理的时间）、地点、作出此等要求的依据以及当事人享有的权利和应承担的义务。如果需要某人参加问询，也需要出具书面通知，该通知须说明 ASIC 正在进行或拟进行的调查的性质（但无须说明相关问题的性质）、问询的地点和时间（该时间必须为合理时间，以便当事人可以寻求法律建议）以及当事人享有的权利和应承担的义务，这些权利包括：询问是非公开的、当事人可以由律师代表陪同参加问询、当事人要求时可获得询问记录、在相关问题可能会披露受法律职业特权保护的信息时可以拒绝回答以及要求所作出的回答不得用于对当事人提起的刑事诉讼或施

---

❶ Michael J. Missal and Richard M. Phillips: *Securities Enforcement Manual: Tactics and Strategies*, 2nd Ed, 2007, pp. 44 ~ 51, pp. 169 ~ 170.

加金钱处罚的程序中。在调查中如要求某人协助，则也需签发书面通知，书面通知的内容与前述基本一致。在调查中如向法院申请搜查令，则必须事先获得一名 ASIC 高级官员的同意。❶

我国现行关于中国证监会行使调查权应遵循的程序的规定主要体现在《证券法》《行政处罚法》及中国证监会、中国人民银行联合颁布的《关于查询、冻结从事证券交易当事人和与被调查事件有关的单位和个人在金融机构账户的通知》中。根据上述法律和规范性文件的规定，中国证监会在行使调查职能时，其调查人员不得少于 2 人，并应当出示合法证件和调查通知书。调查人员少于 2 人或者未出示合法证件和调查通知书的，被调查人有权拒绝；调查人员与当事人有直接利害关系的，应当回避；中国证监会及其派出机构调查人员依法查询、冻结资金账户和存款账户，应当出示中国证监会及其派出机构的查询通知书、经证监会主要负责人批准的冻结/解除冻结通知书及本人工作证件。中国证监会在作出行政处罚决定之前，应当告知当事人作出行政处罚决定的事实、理由及依据，并告知当事人依法享有的权利，当事人有权进行陈述和申辩。

根据上述规定，目前我国关于中国证监会在行使调查权时应遵循的程序规定仅包括表明身份、提取证据、决定作出行政处罚前的说明理由及告知权利，而对于以下程序的规定则缺位：（1）调查是否公开进行；（2）开始进行公开调查时是否应向被调查人说明实施调查的原因、依据以及进行调查的方法；（3）被调查人接受询问时是否可以有律师或有关专业人士陪同；（4）调查结束且决定对被调查人作出非行政处罚性的行政处理前，是否应说明作出该等行政处

---

❶ "ASIC's approach to enforcement"，载 http：//www.asic.gov.au/asic/ASIC.NSF/by-Headline/Investigations% 20and% 20enforcement.

理的理由，并以书面方式通知被调查人以及是否允许被调查人进行陈述和申辩，并告知其依法享有的权利；（5）公开调查结束后决定不予处理的，是否应书面通知被调查人。

在实践中，对于上市公司等涉嫌虚假陈述方面的稽查，中国证监会在立案后会予以公告。而对操纵市场、内幕交易等案件的稽查，往往是秘密进行的，并不告知当事人有关事项或可能违反的证券法律法规。❶ 而在公开调查时，中国证监会调查人员亦不会向被调查人明确说明实施调查的具体原因、依据以及进行调查的方法，也不会向被调查人告知其接受询问时是否可以有律师或有关专业人士陪同。在调查结束后，如决定作出非行政处罚性的行政处理的，将直接向有关当事人发出有关处理决定的通知或直接执行有关处理决定，而不会在作出决定前说明作出该等行政处理决定的理由，亦未赋予被调查人进行陈述和申辩的权利，也不会告知其依法享有的权利。而公开调查结束后决定不予处理的，中国证监会也不会书面通知被调查人，只是当被调查人询问时方给予口头答复。

针对我国现有规定及实践中中国证监会调查程序的不足，笔者认为，根据程序正当原则并借鉴其他国家或地区的做法，可从以下几方面予以完善：（1）在《证券法》中明确规定中国证监会可自行决定调查的公开与否及公开的时间，或在今后制定的《行政程序法》中对包括中国证监会在内的行政主体可享有此权力予以规定；（2）开始进行公开调查时，应向被调查人说明实施调查的原因、依据以及进行调查的方法；（3）在可能涉及刑事处罚的调查中，被调查人接受询问时有权要求律师或有关专业人士陪同；（4）调查结束

---

❶ 王舜燮：《中美证券市场监管的稽查执法比较研究》，华东政法学院 2004 年硕士学位论文，第 28 ~ 29 页。

且决定对被调查人作出非行政处罚性的行政处理前，应说明作出该等行政处理的理由，并以书面方式通知被调查人，允许被调查人进行陈述和申辩，并告知其依法享有的权利；（5）公开调查结束后决定不予处理的，应书面通知被调查人，告知其调查结果；（6）违反法定调查程序而取得的证据及作出的行政处理无效。

五、结　　语

虽然行政调查在行政活动中占有十分重要的地位，但关于行政调查的研究在中国受到了冷遇，关注中国证监会的调查机制的研究更是凤毛麟角。与理论研究相呼应，我国现行关于中国证监会调查的规定也是少之又少，中国证监会自行制定的稍作细化的证券期货案件调查规则却又作为"内部文件"而不对外公开，因此可以说，中国证监会的调查机制基本上没有建立。本部分的研究也因此而显得具有现实意义。

中国证监会行政处罚机制存在的
问题及解决建议

一、引　　言

　　我国证券市场已成为越来越多的企业和个人筹资或投资的场所，但由于我国证券市场目前还处于新兴转轨时期，不管是市场结构、市场参与者素质还是监管制度，都存在极大的改善空间，因而违法违规事件层出不穷。近年来，中国证监会加大了稽查和处罚力度。2012年，行政处罚委员会共审结各类证券期货违法违规案件82件，共作出56项行政处罚决定书和8项市场禁入决定书，移送司法案件1起。2012年罚没款总计4.37亿元，为行政处罚委员会成立以来最高额。❶ 2013年共审结案件86项，作出行政处罚决定79项，作出市场禁入21项，罚没总额达7.28亿元。❷ 2013年9月，中国证监会对平安证券有限责任公司作出"给予警告，没收业务收入2 555万元，并处以5 110万元罚款，暂停保荐业务许可3个月"的处罚，此处罚是自2004年实行保荐制度以来对保荐机构作出的最严厉处罚。

---

　　❶　"中国证券监督管理委员会年报（2012）"，载 http：//www.csrc.gov.cn/pub/ne-wsite/zjhjs/zjhnb/201307/P020130722555052657179.pdf.
　　❷　"中国证券监督管理委员会年报（2013）"，载 http：//www.csrc.gov.cn/pub/ne-wsite/zjhjs/zjhnb/201407/P020140701383486561626.pdf.

2011～2013 年的案件类型和处罚情况统计见图 1 和图 2。在此背景下，中国证监会的处罚之有效性和公正性必将越来越受到业界人士的关注。实践中，自 2000 年起基本上每年都有行政相对人不服中国证监会作出的行政处罚而起诉中国证监会的案件，❶ 而处罚的有效性和公正性与处罚机制的合理设计与否密切相关。因此，在借鉴他国有益经验的基础上反思我国的证券违法行政处罚机制，就具有非常重要的现实意义。

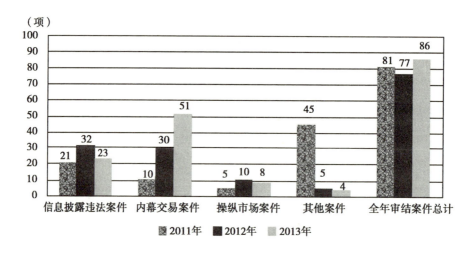

图 1　2011～2013 年的案件类型统计

资料来源："中国证券监督管理委员会年报（2013）"，载 http：//www. csrc.

gov. cn/pub/newsite/zjhjs/zjhnb/201407/P020140701383486561626. pdf.

---

❶　该结论是根据马洪雨在《论政府证券监管权》中的归纳及笔者在北大法律信息网及因特网上搜索的结果得出。

图 2 2011~2013 年的处罚情况统计

资料来源："中国证券监督管理委员会年报（2013）"，载 http：//www. csrc. gov.
cn/pub/newsite/zjhjs/zjhnb/201407/P020140701383486561626. pdf.

二、行政处罚的种类

各国和地区赋予证券监管机构行政处罚权的同时，往往对其处
罚的种类予以规定，处罚种类及其数量一般与证券监管机构在一国
或地区的法律地位、司法传统、该国和地区证券市场所处阶段等因
素相关。

在德国，联邦金融服务监管局和州政府交易所监管机关都拥有
行政处罚权，处罚类型主要是发出指令要求违法者遵守法律规定，
排除或阻止不良状况和罚款。●

英国 FCA 对违法违规的公司及个人采取的行政处罚包括：撤销
企业的从业许可、取消审计师和精算师的资格、禁止个人从事金融
服务或特定的规管活动、暂停企业从事特定的规管活动（最高达 12

● 高基生："德国证券市场行政执法机制研究"，载《证券市场导报》2005 年第 4
期，第 36~41 页。

个月）、暂停个人担任某些管控的职位（最高达 2 年）、对企业或个人予以公开谴责、施加经济性惩罚等。此外，FCA 还可以向法院申请禁令或赔偿令、向法院申请冻结相关当事人的资产以及起诉未经批准从事规管活动的企业和个人。❶

在中国香港特别行政区，香港证监会有权对受规管人士（持牌人、注册机构，持牌法团的负责人员、注册机构的主管人员、参与持牌法团或注册机构业务管理的人员）进行纪律处分。纪律处分的方式包括撤销或部分撤销牌照或注册、暂时吊销或部分暂时吊销牌照或注册、撤销成为负责人员的核准、暂停核准成为负责人员、禁止申请牌照或注册、禁止申请成为负责人员、主管人员或有关人士、罚款、非公开或公开谴责。而市场失当行为审裁处可对被识辨为曾从事市场失当行为的人发出如下命令：（1）不超过 5 年的期间内，未经原讼法庭许可，不得担任或留任上市法团或其他指明法团的董事或清盘人，或担任或留任该等法团的财产或业务的接管人或经理人，或以任何方式直接或间接关涉或参与该等法团的管理；（2）命令他在该命令指明的不超过 5 年的期间内，未经原讼法庭许可，不得在香港直接或间接取得、处置或以任何其他方式处理任何证券、期货合约、杠杆式外汇交易合约，或任何证券、期货合约、杠杆式外汇交易合约或集体投资计划的权益；（3）命令他不得再作出构成该命令指明的市场失当行为（不论是否属该研讯程序的对象的市场失当行为）的任何行为；（4）命令他向政府缴付一笔款项，金额不得超逾该人因该失当行为而令他获取的利润或避免的损失的金额；（5）就由政府、证监会就有关研讯程序或调查而合理地招致或合理地附带招致的讼费及开支，命令他向政府缴付一笔审裁处认为数额

---

❶ FCA 网站相关介绍，http://www.fca.org.uk/.

适当的款项；（6）在他是某团体的成员而该团体可针对他采取纪律行动的情况下，命令建议该团体针对他采取纪律行动。❶

相比之下，其执法能力受到国会和公众认可的美国 SEC 拥有的行政处罚权种类则较为多样，其可自主行使的行政处罚类型包括：（1）发出暂时或永久的行政禁止令（cease and desist orders），这一制裁措施是针对那些违反联邦证券法律或那些因其参与而引致违法的人或那些知道其行为或疏忽会导致违法的人；（2）金钱罚，这一措施是针对被管制企业中的相关人士（associated with regulated entities），例如在证券经纪人、投资咨询顾问、投资公司、市政或政府的证券经纪人、交易代理等机构中的相关人士；（3）暂停或永久禁止进入证券业务或与从事证券业务的企业发生关联；（4）追缴非法所得利润；（5）禁止或暂停成为上市公司高管或董事的资格或禁止其成为公众公司高管或董事，这一措施针对那些违反联邦证券法中反欺诈条款且不适合担任该等职位的人；（6）停止令（stop order），该措施针对 1933 年证券法下在公开发行证券中的不实注册声明；（7）纠正令，该措施在公开交易公司向 SEC 提交了错误或误导性的报告或代理材料时适用；（8）暂停从事不当行为的会计师、律师或其他专业人士在 SEC 面前执业的资格或禁止其在 SEC 面前执业。此外，SEC 还被授权向地区法院寻求对那些违反或协助、教唆他人违反联邦证券法的人颁发禁令。SEC 还可以从联邦地区法院那里获得罚款、禁止违法者担任公众公司高管及其他辅助性的救济，从追缴非法利润到暂时冻结资产以及任命接管人去整理被告的资产。❷

---

❶ 香港特别行政区《证券及期货条例》第 194 条、第 196 条、第 257 条。

❷ Michael J. Missal, Richard M. Phillips: *The Securities Enforcement Manual: Tactics and Strategies*, American Bar Association, 2nd Ed, 2007, pp. 7 ~ 8.

在我国，根据《中华人民共和国行政处罚法》第 8 条的规定，行政处罚的种类包括警告、罚款、没收违法所得、没收非法财物、责令停产停业、暂扣或者吊销许可证、暂扣或者吊销执照、行政拘留及法律、行政法规规定的其他行政处罚。而目前对证券违法行为之处罚类型作出规定的法律和行政法规主要有《证券法》《证券投资基金法》《期货交易管理条例》《证券公司监督管理条例》《证券公司风险处置条例》。该等法律和行政法规中设定的与《行政处罚法》明确列举的处罚种类不同的行政处罚包括：取缔、暂停或撤销任职资格/从业资格、没收业务收入、责令关闭、责令停止承销或者代理买卖、责令依法处理其非法持有的证券、暂停或者撤销、证券市场禁入。❶ 此外，中国证监会在其制定的规章或规范性文件中，还创设了一些实质上属于行政处罚的"非行政处罚性监管措施"，这些措施主要包括：责令更换董事、监事、高级管理人员和有关业务部门和分支机构负责人，责令股东转让股权，一定期间内不受理有关文件、申请或推荐，记入诚信档案并公布，向社会公示违反承诺的情况，认定为不适宜担任相关职务，认定为不适当人选，撤销证券公司、子公司或境内分支机构，责令其进行停业整顿，将有关情况向其所在工作单位、所属主管部门或行业自律组织通报，责令清理子公司。与各主要发达国家和地区证券监管机构拥有的行政处罚权相比，中国证监会实际拥有的行政处罚权之种类较多，这些处罚权力使得中国证监会拥有较强有力的执法后盾，对证券违法行为起到阻吓作用。但部分行政处罚的设定无合法依据，运用该等处罚形式存在被认定为无效的风险。

---

❶ 中国证监会将证券市场禁入作为独立于行政处罚的一种监管措施，但笔者认为证券市场禁入完全符合行政处罚的特征，应被认定为行政处罚的一个种类。

三、行政处罚决定机关

在德国，联邦金融服务监管局"证券监管二司三处"（简称
"WA23 处"）负责调查市场操纵案件，"证券监管二司一处"（简称
"WA21 处"）负责调查内幕交易案件调查，而对证券违规行为的处
罚，由证券监管一司负责。该司三处（简称"WA13 处"）具体负责
对市场操纵的处罚（对于内幕交易案件，WA21 处经过调查，发现
内幕交易的确凿证据，则提交调查报告，送地方检察署追究刑事
责任）。

执行及金融犯罪科（The Enforcement and Financial Crime Divi-
sion）是英国金融行为管理局内负责调查证券违法案件的机构，而
规制决定委员会（Regulatory Decisions Committee，"RDC"）则是负
责作出处罚的机构。RDC 组成人员包括业界人士和非业界人士，全
部都代表公共利益，由 FCA 董事会任命并向董事会负责。FCA 参与
调查的人员不能作为审理该案件的 RDC 人员。对于不服 FCA 处罚决
定的企业和个人，还可以将争议事项提交 Upper Tribunal，由其对
FCA 所采取的措施是否合适作出决定。Upper Tribunal 是一个根据
2007 年《英国法庭与执行法》设立的独立司法机构，其成员由财政
大臣任命。❶

在中国香港特别行政区，香港证监会法规执行部下设的调查科
对证券违法案件调查结束后，对于受规管的人士采取的纪律处分

---

❶ FCA 网站，http：//www.fca.org.uk/about/governance/who/upper‐tribunal.

措施，由法规执行部下设的纪律科负责，❶ 对香港证监会纪律科作出的纪律处分，证券及期货事务上诉审裁处（以下简称"上诉审裁处"）有权复核；而对于其他怀疑构成市场失当行为的，则向财政司司长报告，由财政司司长考虑是否向市场失当行为审裁处提起研讯程序。上诉审裁处由 1 名主席和 2 名成员组成。主席是法官，主席由行政长官按终审法院首席法官所作建议而委任，行政长官可基于主席丧失履行职务能力、破产、疏于职守、有利益冲突或行为失当的理由，而在咨询终审法院首席法官后藉书面通知将主席免任。两名审裁处成员将因各案需要，在商业、金融服务、法律或会计专业领域的专长人士中选择，行政长官可基于普通成员丧失履行职务能力、破产、疏于职守、有利益冲突或行为失当的理由将其免任。上诉审裁处有权确认、更改或推翻香港证监会的决定，并可以以审裁处认为适当的任何其他决定取代证监会的决定，或将有关事宜发还香港证监会处理，并给予审裁处认为适当的指示，包括指示香港证监会就审裁处指明的事宜重新作出决定。至于主要负责审理内幕交易、操纵市场等舞弊行为和欺诈行为的市场失当行为审裁处，其主席亦由行政长官按终审法院首席法官所作建议而委任，其罢免也需征询终审法院首席法官，法定任期为 3 年。另外，行政长官还会就个案委任两名普通成员进行审讯。行政长官可基于主席和普通成员丧失履行职务能力、破产、疏于职守、有利益冲突或行为失当的理由将其免任，但主席的免

---

❶ 邵亚良、汤欣、郭洪俊："证券行政执法实效研究——美国、英国和香港地区的经验与启示"，上证联合研究计划第 18 期课题报告，载 http://www.sse.com.cn/cs/zhs/xxfw/research/plan/plan20081017e.pdf.

任需在咨询终审法院首席法官后藉书面通知方可进行。❶

　　美国 SEC 对证券违法案件的调查是由执行部统一进行的，而案件的审理则由行政法官进行。行政法官主持听证给出初步决定，决定中包括事实裁定和法律结果以及建议的制裁。部门职员和被告均可就决定的全部或部分向 SEC 上诉。SEC 可以维持、推翻初步决定，或要求再次听证。❷ 行政法官独立于 SEC，其选拔、任用、考核和工资确认均由隶属国会的行政法官人事管理办公室（OPM）负责，他们一般来自于将要服务的行业。❸

　　总体而言，上述各主要发达国家或地区的证券违法行政处罚决定机关设置的特点主要包括：（1）案件调查机构与案件审理机构相分离；（2）处罚机构相对独立于证券监管机构；（3）人员构成专业。在中国，证监会自 2002 年开始借鉴主要发达国家和地区的经验，着手完善行政处罚体制。2002 年，中国证监会发布《关于进一步完善中国证券监督管理委员会行政处罚体制的通知》和配套规范性文件，改变了以往行政处罚案件的调查、审理工作均由稽查部门一家负责的局面，将原稽查部门负责的案件审理工作交由行政处罚委员会负责，从而实现了行政处罚的"查审分离"，但此时的行政处罚委员会之人员均为兼职。为了解决委员兼职所带来的审理案件时间投入不够等弊端，中国证监会于 2006 年 12 月在行政处罚委员会内设专职委员，首批聘任的 7 名专职委员大都从事监管工作多年，经验丰富且有良好的专业知识背景。但除了专职委员之外，大多数

---

　　❶ 《香港证券与期货条例》第 216～218 条、第 229 条、第 232 条、第 251 条及附表 8、附表 9。

　　❷ 美国 SEC 网站，http：//www. sec. gov/about. shtml.

　　❸ 马江河、马志刚："美国 SEC 行政执法机制研究"，载《证券市场导报》2005 年第 10 期，第 19～26 页。

审理人员系从证监会各派出机构借调而来，期限少则 3 个月、多则半年或 1 年不等。这些工作人员原来从事的工作各不相同，有的从事过稽查工作、有的负责过证券机构或上市公司的监管工作，但往往没有时间接受审理案件所必需的专业知识和技能的系统培训，这样就可能造成案件定性和法律适用上的不准确，从而直接影响案件的审理效率和质量。❶ 虽然中国证监会行政处罚委员会可以从立法、司法、行政及教学科研等单位中聘请专家提供专业咨询意见，但这毕竟不是常态，且受聘专家以个人身份发表专业咨询意见，行政处罚委员会可采纳也可不采纳其意见。❷ 因此，与主要发达国家或地区相比，我国证券违法行政处罚决定机关的人员构成之专业性仍有待提高。2010 年 10 月，中国证监会决定授权上海证监局、广东证监局、深圳证监局等 3 家派出机构开展行政处罚工作，对授权范围内的证券、期货违法违规行为进行行政处罚，并颁布《中国证券监督管理委员会派出机构行政处罚试点工作规定》。2013 年 7 月，中国证监会发布《关于印发〈中国证券监督管理委员会派出机构行政处罚工作规定〉的通知》❸（以下简称《通知》），决定授予其所有派出机构行政处罚权，自 2013 年 10 月 1 日起实施。根据授权，除大案要案、复杂疑难案件以及其他可能对当事人权益造成重大影响的案件仍由中国证监会会机关负责审理外，派出机构将按照规定对管辖范围内的自立自办案件进行审理，实施行政处罚，并由证监会行政处罚委员会负责备案。按照中国证监会的要求，派出机构在开展

---

❶ 邵亚良、汤欣、郭洪俊："证券行政执法实效研究——美国、英国和香港地区的经验与启示"，上证联合研究计划第 18 期课题报告，载 http：//www.sse.com.cn/cs/zhs/xxfw/research/plan/plan20081017e.pdf.

❷ 中国证监会《行政处罚委员会组成办法》第 15 条。

❸ 笔者从公开途径未能看到该通知的全文。

此项工作过程中，将严格坚持"查审分离"的原则，❶ 行政处罚部门及其人员与案件调查部门及其人员相分离。截至笔者搁笔时，该变化后的新处罚体制才刚刚实施，因此尚难以对其优劣作一整体性判断，但可以预见的是，该新体制的实施无疑会缓解我国证券违法行政处罚决定机关的人员构成之专业性不足问题，也是应对证券市场违法违规行为呈高发态势的一个必然选择。在处罚机构的独立性方面，行政处罚委员会委员由中国证监会的工作人员和证券、期货交易所等其他机构的专家组成，由中国证监会聘任，由于中国证监会处罚委员会人员的任免及考核均由中国证监会决定，因此独立性无从体现，而 2013 年行政处罚权全面下放至中国证监会所有派出机构后，负责行政处罚的人员均为派出机构相关处室的工作人员，因而其独立性更是无从体现。

四、行政处罚程序

德国联邦金融服务监管局调查与处罚适用不同的程序及不同的法律，前者适用《联邦行政程序法》，后者适用《联邦违反秩序法》。❷ 根据《联邦违反秩序法》第 46 条，如果该法没有规定，罚款程序可以按其意义适用刑事诉讼的一般规定。如根据《联邦刑事诉讼法》的有关规定，联邦金融服务监管局在作出罚款决定之前，应给予当事人听证的机会。听证有要式和非要式的区别。听证的要式程序只适用于某一法律有明确要求的情况。联邦金融服务监管局

---

❶ "派出机构行使行政处罚权即将启动"，载 http://www.csrc.gov.cn/pub/newsite/bgt/xwdd/201309/t20130927_235486.htm，2013 年 10 月 20 日访问。

❷ 曹里加：《证券执法体系比较研究》，北京大学出版社 2008 年版，第 200 页。

一般采用非要式的听证程序。在违反秩序法程序中，当事人只承担说明责任，而不承担证明责任。联邦金融服务监管局应当证明作为制裁理由的事实，在审理过程中自行决定调查的方式和范围，不受当事人提供的证明及证明要求的限制。联邦金融服务监管局根据审理结果，对市场操纵者作出罚款决定。罚款决定必须以书面方式作出。罚款决定书的内容和格式必须符合《联邦违反秩序法》相关条款的要求，必须向当事人说明作出罚款决定所依据的重要事实和法律理由，罚款决定书必须送达当事人。❶ 而且行政机关的这种处罚权必须以受罚人无异议为前提，一旦受罚人提出异议，行政机关就必须立即终止处罚，将案件移交司法机关，由司法机关按照刑事诉讼程序作出裁决。德国的这种行政处罚程序严格意义上属于司法性程序，带有浓厚的刑事诉讼程序痕迹。❷

英国 FCA 调查人员如果认为案件需要由 RDC 进行裁决，就会将案件文件（主要是调查报告）提交给 RDC，由 RDC 予以考量。但在提交给 RDC 前，将由一位没有参与调查的律师对案件进行法律审查，以确保案件处理的统一性及证据的充分性。案件提交 RDC 后，如果 RDC 认为合适时，它会发出警示通知（Warning Notice）或第一次监管通知（First Supervisory Notice），警示通知是通知相关当事人 FCA 有意采取进一步措施的书面文件，该通知必须告知当事人 FCA 拟采取措施的细节及当事人享有的陈述权利。接到警示通知的当事人有权获得 RDC 作出该等决定所依赖的文件以及可能会有碍该等决定作出的二手文件，相关当事人在接到警示通知后，在 14 天内

---

❶ 高基生："德国证券市场行政执法机制研究"，载《证券市场导报》2005 年第 4 期，第 36~41 页。

❷ 应松年：《当代中国行政法（上卷）》，中国方正出版社 2005 年版，第 868 页。

有权向 RDC 作出书面或口头的陈述，并可以申请延长该期限。如当事人作出了书面的陈述或希望进行口头陈述，则 RDC 将举行会议再一次就案件的事实问题（包括相关当事人的书面陈述或者任何可能出现的新信息）予以讨论，如果当事人选择口头陈述，则当事人将在此次会议上进行口头陈述。在此之后，如果 RDC 决定采取措施的，则其会发出决定书（Decision Notice）或者第二次监管通知（Second Supervisory Notice），决定书中应告知当事人 FCA 采取措施的具体细节。如果当事人在接到警示通知后 14 天内没有任何陈述或反应，则 RDC 则会出具决定书或第二次监管通知。如果 RDC 决定不采取措施的话，则会发出终止通知书（Notice of Discontinuance）。相关当事人如果不服 RDC 的决定的，可在接到决定书后 28 日内将相关争议事项提交给 Upper Tribunal 对案件予以重新审理，且其审理是公开进行的。如果当事人不在上述期间内将案件提交 Upper Tribunal，则 FCA 会向相关当事人出具最终决定书（Final Notice）。❶ FCA 处罚程序如图 3 所示。

香港证监会对受规管人士有权进行纪律处分，被处分人如不服纪律处分决定，可在收到决定通知书后的 21 日内，书面向上诉审裁处提起上诉。除非上诉期届满或在上诉期内被处分人通知证监会其不提起上诉，或者上诉后又撤回，否则纪律处分决定不会生效。上诉审裁处会就上诉案件进行聆讯，一般情况下聆讯会公开进行。上诉审裁处在裁定任何有待审裁处裁定的问题或争议点时所要求的举证准则，适用在法院进行的民事法律程序的举证准则。如果受规管人士对上诉审裁处的决定仍然不服，可向上诉法庭就法律论点提出上诉，即只能就决定的合法性问题提出上诉。对于市场失当行为，

---

❶ The Enforcement Guide of FCA，http：//fshandbook. info/FS/html/handbook/EG.

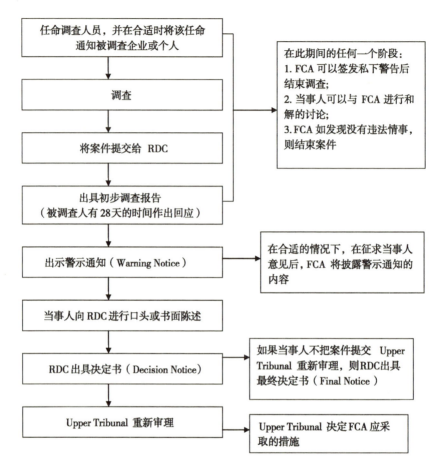

图 3   FCA 处罚程序流程图

如证监会合理地相信或怀疑已发生构成市场失当行为的事件，可向财政司司长报告该事件，此外如律政司司长合理地相信或怀疑已发生构成市场失当行为的事件，可将该事件通知财政司司长。如财政司司长觉得曾发生或可能曾发生市场失当行为，则可就该事宜提起在市场失当行为审裁处席前进行的研讯程序。香港的市场失当行为审裁处在处理举证原则方面都比照适用民事法律程序；审裁处在识辨任何人曾从事市场失当行为前及对某人作出处罚命令前，须给予

被该人合理的陈词机会。❶ 香港证监会的纪律处分程序流程如图 4 所示。❷

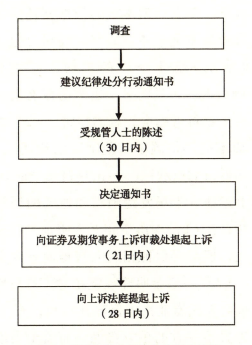

图 4　香港证监会纪律处分程序流程

　　根据《美国联邦证券法》《美国联邦证券交易法》《美国联邦行政程序法》和美国 SEC 制定的操作规则等规定，SEC 作出相关处罚前一般均要向当事人发出通知并提供听证机会。通知一般必须声明：听证的性质、举行听证的法定机构和权限；简单清晰地说明相关事实和法律，可寻求的救济或诉讼之种类，听证一般由行政法官主持，在一些特别的情况下可能由 SEC 委员主持。在听证过程中，当事人

❶ 《香港证券与期货条例》第 217 条、第 229 条、第 232 条、第 252 条、第 257 条。

❷ "香港证券及期货事务监察委员会纪律处分程序概览"，载 http：//www. sfc. hk/web/EN/files/ENF/PDF/Disciplinary% 20Proceedings% 20at% 20a% 20Glance% 20（report% 20version% 2020. 9. 11）. pdf.

有权请律师陪同出席、提出证据、交叉询问，SEC 只能根据听证案卷中所记载的证据作出裁决，当事人还有取得全部案卷副本的权利。参与裁决过程的人员，都不得就本案的依据问题同该机关以外的任何利害关系人进行或故意促成单方联络。处罚决定书要包括一些必备的内容，例如制止—终止令中的内容、范围和形式，包括：（1）要说明签发的依据，包括已显示出来的或有潜在危险的违法及如不签发制止—终止令将可能会导致的损害；（2）在较为合理的程度上详细说明（而不应再依赖于其他文件的说明），接受命令的人可以提起或不提起诉讼的权利；（3）出具该命令的日期和时间。❶

总体而言，上述证券市场发达国家和地区的证券违法行为处罚程序体现了如下特点：（1）均给予相对人听证的机会，不管这种听证的形式是否正式，但起码保证相对人获得向审理人员及调查人员口头申辩的机会；（2）一般会明确规定相对人有权聘请律师参加听证，以确保其有机会委托专业人士保障其权利；（3）尽可能避免审理人员对任何利害关系一方的单方接触，而给予当事人公平的反馈机制；（4）处罚与否及处罚决定的内容充分尊重听证的结果；（5）处罚决定必须是书面的，并应遵循一定的内容与格式。

根据我国《行政处罚法》第 31～32 条、第 39 条的规定，行政机关在作出行政处罚决定之前，应当告知当事人作出行政处罚决定的事实、理由及依据，并告知当事人依法享有的权利；当事人有权进行陈述和申辩；给予行政处罚的，应当制作行政处罚决定书，处罚决定书中应写明相对人不服行政处罚决定申请行政复议或者提起行政诉讼的途径和期限等。根据该法第 42 条的规定，行政机关作出责令停产停业、吊销许可证或者执照、较大数额罚款等行政处罚决

---

❶ 美国 SEC 网站，http：//www. sec. gov/about/rulesofpractice. shtml.

定之前，应当告知当事人有要求举行听证的权利，当事人要求听证的，行政机关应当组织听证。上述规定中包含行政相对人的知情权、申辩权、申请听证权和救济权等权利。为保障上述权利，行政机关相应负有告知、说明理由和应申请组织听证的义务。根据该法第 17 条的规定，中国证监会作为法律、法规授权的实施行政处罚权的组织，在实施行政处罚时，也应当履行上述义务。根据中国证监会颁布的《中国证券监督管理委员会行政处罚听证规则》的规定，中国证监会对当事人依法作出责令停止发行证券、责令停业整顿、暂停或者撤销证券、期货业务许可、撤销任职资格或者证券从业资格、对个人处以罚款或者没收违法所得人民币 5 万元以上、对法人或者其他组织处以罚款或者没收违法所得人民币 30 万元以上的行政处罚以前，当事人要求举行听证的，应当组织听证；当事人可以亲自参加听证，也可以委托 1～2 人代理参加听证；经听证主持人允许，当事人及其代理人和案件调查人员双方可以就案件事实相互进行质证，并均可向证人、鉴定人发问；听证结束后，听证员应当进行合议，案件调查人员、案件审理人员可以参加合议并发表意见；主审委员根据听证情况，对原拟作出的处罚决定的事实、理由和依据进行复核，提出《复核意见》，《复核意见》由主审委员签署，合议委员附署。此外，虽然中国证监会不认为证券市场禁入属于行政处罚，但其颁布的《证券市场禁入规定》中也对中国证监会对行政相对人采取证券市场禁入措施的程序和相对人的权利作出了与《行政处罚法》基本一致的规定；而《中国证券监督管理委员会行政处罚听证规则》也规定，中国证监会对当事人拟采取市场禁入措施的，当事人可以要求举行听证，听证程序参照该规则的规定执行。

与其他发达国家或地区相比，我国证券违法当事人在受行政处罚时的程序性权利规定仍存在以下不足之处：（1）虽然根据我国相关法律的规定，证券违法相对人有陈述和申辩的权利，但这种陈述和申辩并未规定可以是口头的、当面的，因此当事人无法通过与调查人员进行类似交叉质证的方式进行陈述和申辩，陈述和申辩因而可能缺乏针对性；同时，可以申请听证的范围过小，许多对当事人影响重大但被中国证监会列入"非行政处罚性监管措施"的行政处罚类型均未在可以申请听证的范围之列，如撤销证券公司、认定为不适宜担任相关职务等。（2）在可以听证的案件中，当事人及其代理人并不必然拥有向案件调查人员就案件事实进行质证的权利，而是听证主持人允许时方可进行，这就意味着如果听证主持人不允许的话，当事人参加听证所要达到的目的将大打折扣。（3）听证结束后，案件调查人员、案件审理人员仍可以参加合议并发表意见，这显然会剥夺当事人公平的反馈机会，使当事人处于不利的地位，而且可能会导致案件调查人员和审理人员该在听证会上说的不说，故意留待会后再说，以确保其"最后的反击者"之地位，使听证流于形式。（4）对于其他名义上为"非行政处罚性监管措施"实质上属于行政处罚的监管措施，现行法律及中国证监会的有关规定并未作出相应规定，实践中中国证监会在采取这些监管措施时并不注重遵循一个公正的程序，例如不给相对人申辩的机会，或未告知相对人救济的权利。

五、完善中国证监会行政处罚机制的若干建议

（一）依法规范行政处罚种类

正如前文所述，中国证监会自行创设了一些法律和行政法规未

规定的行政处罚类型，并将这些实质上属于行政处罚的措施定性为"非行政处罚性监管措施"，因而使得这些行政处罚措施游离于《行政处罚法》的控制之外，这不但会侵害行政相对人的合法权益，而且会存在该等处罚被认定为无效的风险。因此，应依法对这些行政处罚类型予以规范：对确有必要存在的实质上属于行政处罚的监管措施，应依法提请国务院或全国人大或全国人大常委会以法律或行政法规的形式予以规定，其他的应予以清理，不再使用。

（二）增强行政处罚机构的独立性

正如前文所述，鉴于 2013 年 10 月 1 日后中国证监会各派出机构可以自行审理除大案要案、复杂疑难案件以及其他可能对当事人权益造成重大影响的案件以外的案件并实施行政处罚，因此原存在的证券违法行政处罚决定机关的人员构成之专业性不足的问题预计可以得到缓解，但独立性问题却没有得到解决，反而更为严重，因为行政处罚权全面下放至中国证监会所有派出机构后，派出机构负责行政处罚的人员均为派出机构相关处室的工作人员。为此，笔者建议，可借鉴目前中国证监会设立发行审核委员会的做法，从会计师事务所、律师事务所、高校与科研单位、证券业有关单位中聘请专业人士担任中国证监会行政处罚委员会的专职委员，这些人员由相关的行业协会和单位推荐，中国证监会聘任。鉴于行政处罚工作的复杂性和案件的周期较长，可在发行审核委员会一年的聘任期上适当加以延长，例如确定为两年；在聘任期内，除非委员出现渎职、健康等情形不适合履行职务的，否则中国证监会无权将其解聘；除非行政处罚委员会有违反程序等情形，否则中国证监会应根据行政处罚委员会的审理结果及处理建议作出相关决定；行政处罚委员会的地位应由法律予以规定。中国证监会各派出机构也应参照中国证监会的做法设立专门的处罚委员会并聘任专职委员。

（三）完善行政处罚程序

（1）扩大可听证的处罚类型之范围。在现有的可供行政相对人申请听证的处罚类型外，将对行政相对人影响较大的处罚类型纳入可申请听证范围，例如撤销证券公司、一定期间内不受理有关文件、申请或推荐、认定为不适宜担任相关职务、认定为不适当人选等处罚类型。

（2）修改听证规则，赋予听证当事人及其代理人和案件调查人员双方就案件事实相互进行质证的权利。

（3）听证结束后，案件调查人员、案件审理人员不应参加听证人员的合议，而应由听证人员独立地根据听证记录进行合议并出具意见。

（4）制定作出非行政处罚性监管措施决定的程序规则，给予行政相对人必要的权利保障，如知情、陈述、申辩等基本权利，但相关程序可较行政处罚程序灵活和简化，以保障中国证监会的执法效率。

中国证监会非行政处罚性
监管措施研究

一、引　　言

2008 年，江苏期望期货经纪有限公司（以下简称江苏期望公司）因不服中国证监会作出的证券监管措施，向北京市第一中级人民法院提起行政诉讼。具体案情如下：

2008 年 3 月 20 日，中国证监会作出（2008）4 号行政监管措施告知书（以下简称被诉告知书），内容为："鉴于江苏期望公司已不符合持续性经营规则，且无正当理由停业连续 3 个月以上，根据《期货交易管理条例》第二十一条的规定，证监会决定依法注销该公司《期货经纪业务许可证》（许可证号 A031610063，以下简称第 A031610063 号许可证）。并将有关事项告知如下：（1）江苏期望公司的第 A031610063 号许可证自本告知书发布之日起失效；江苏期望公司应及时向江苏证监局缴回该许可证（正副本）；（2）江苏期望公司应在江苏证监局的监督指导下，尽快与一家资质较好的期货公司签订客户资金托管协议，妥善处理客户的保证金和其他资产，切实维持投资者的合法权益，并做好相关信息公告工作；（3）江苏期望公司应在本告知书发布之后立即办理名称、营业范围和公司章程等工商变更登记，且该公司不得继续以期货公司名义从事期货业务，变更后的名称中不得有'期货'或者近似字样，并将变更结果报证监会备案；（4）江苏期望公司应认真配合监管部门和司法机关做好有关违法违规问题的责任追究工作。"原告江苏期望公司认为该告知书从名称上看属于行政强制措施范围，但其内容实质上是撤销第A031610063号许可证的行政处罚行为，被告证监会作为证券监督管理机关，虽有相应法定职权，但其作出注销经营许可证重大具体行政行为事实不清，证据不足，且程序违法（中国证监会作出的注销许可证的决定，涉及企业的生死存亡，因此不论是冠名为"监管措施"或其他名义，都应当履行相应的法律程序，该行为属于行政处罚行为，应当依照行政处罚的原则履行相应的调查、听证等程序）。据此请求法院撤销被诉告知书。本案经二审后认定被诉告知书是中国证监会针对江苏期望公司出现不符合持续性经营条件的事实状态而作出的监管措施，其并不具备认定第A031610063号许可证的颁发行为违法或江苏期望公司存在某种违法行为的否定性评价之属性，因此，江苏期望公司认为被诉告知书的作出应当履行行政处罚的程序，缺乏事实及法律依据。

上述被媒体称为"期货业行政诉讼第一案"的判决结果虽然最终确认中国证监会的监管措施合法，但该判决留下的更多的是争议和思考。随着我国证券市场的发展，对证券市场违法行为的监管体系日渐成熟，作为我国证券监管机构的中国证监会的监管措施或手段也越来越多样化。这些监管手段中有些属于行政许可和行政处罚行为，因此可分别适用《行政许可法》和《行政处罚法》的规定，但更多的监管措施要么无法被定性为行政许可或行政处罚行为，要么被人为地从行政许可或行政处罚中割裂出来，从而使得这些监管措施不受《行政许可法》和《行政处罚法》相关规定的制约。2002年，中国证监会在《关于进一步完善中国证券监督管理委员会行政处罚体制的通知》（以下简称"《通知》"）中，首次提出了"非行政处罚性监管措施"的概念，并对非行政处罚性监管措施作出了与行政处罚不同的程序规定。然而，值得研究的是，这些非行政处罚性监管措施是否确实具有"非行政处罚性"？中国证监会是否有权采取这些监管措施？行使这些措施时应遵循怎样的程序？我国学界对上述有关问题的研究基本处于空白状态，但对这些问题的研究不但有助于促进中国证监会依法行政，保护行政相对人的合法权益，而且对于证券市场的长远健康发展有着非常重要的意义。

二、中国证监会非行政处罚性监管措施的类型

根据《通知》中的相关规定，中国证监会的非行政处罚性监管措施是指中国证监会对证券违法行为❶施加的一种监管措施，但该等措施不属于行政处罚（不属于《行政处罚法》和相关法律和行政法规中规定的行政处罚类型），同时由于该等措施是调查工作完成后作出的，因此调查、检查措施以及在调查、检查过程中采取的一些监管措施应不属于非行政处罚性监管措施的范畴。基于此等界定，笔者查阅了《证券法》《公司法》《基金法》《股票发行与交易管理暂行条例》《期货交易管理条例》《证券公司监督管理条例》《证券公司风险处置条例》以及中国证监会颁布的截至 2013 年 12 月 31 日有效的规章和其他规范性文件，归纳出我国现行法律法规及规范性文

---

❶ 笔者理解这里的证券违法行为包括由中国证监会负责处理的违法行为，包括证券、证券投资基金、期货市场上发生的等违法行为。

件中符合《通知》中界定的非行政处罚性监管措施如表 4 所示。

表 4　中国证监会可采取的非行政处罚性监管措施种类

序号	监管措施
1	监管谈话、谈话提醒
2	重点关注、出具监管关注函、出具警示函
3	记入诚信档案，记入信用记录
4	责令改正
5	责令增加内部合规检查的次数（并提交合规检查报告）
6	责令处分有关责任人员，并报告结果
7	请司法机关禁止其转移、转让或者以其他方式处分财产，或者在财产上设定其他权利
8	通知出境管理机关依法阻止其出境
9	限制业务活动
10	限制分配红利
11	限制向董事、监事、高级管理人员支付报酬、提供福利
12	限制转让财产或者在财产上设定其他权利，限制证券买卖
13	限制公司自有资金或者风险准备金的调拨和使用
14	暂停履行职务
15	指定其他机构托管、接管公司
16	限制董事、监事、高级管理人员权利
17	限制有关股东行使股东权利
18	责令暂停部分或全部业务，停止批准新业务
19	停止批准增设、收购营业性分支机构
20	责令暂停或者停止收购、暂停或者终止回购股份活动
21	责令清理违规业务
22	要求报送专门报告、提交合规检查报告，要求披露资料，要求公开作出说明

续表

序号	监管措施
23	要求公司进行重大业务决策前报送临时报告，说明有关业务对公司财务状况和风险监管指标的影响
24	采取要求公司增加注册资本金、提高风险准备金提取比例
25	责令进行业务学习、责令参加培训
26	责令保荐机构更换保荐代表人、保荐业务负责人、内核负责人
27	暂停业务资格
28	责令暂停新增客户
29	暂不受理业务或业务资格申请、暂缓审核相关申请
30	责令更换董事、监事、高级管理人员和有关业务部门和分支机构负责人
31	责令股东转让股权
32	限期撤销境内分支机构
33	证券市场禁入
34	撤销公司
35	责令其进行停业整顿❶
36	对公司及其有关董事、监事、高级管理人员、境内分支机构负责人给予谴责
37	记入诚信档案并公布
38	向社会公示违反承诺的情况
39	将有关情况向其所在工作单位、所属主管部门或行业自律组织通报
40	一定期间内不受理有关文件、申请或推荐
41	认定为不适宜担任相关职务；认定为不适当人选
42	责令清理子公司

---

❶ 《期货交易管理条例》将责令停业整顿放入"法律责任"一章，即作为行政处罚的一种类型，但《证券法》等其他法律法规均未将其作为放入法律责任一章作为行政处罚之一种形式。

三、中国证监会非行政处罚性监管措施的性质分析

笔者认为，在上述监管措施中，第 4 ~ 29 项属于行政强制措施的范畴，第 30 ~ 42 项应被认定为行政处罚，而第 1 ~ 3 项的性质则需要具体分析。

（一）将第 4 ~ 29 项定性为行政强制措施的理由

1. 行政强制措施的定义与特征辨析

《中华人民共和国行政强制法》（以下简称"《行政强制法》"）第 2 条第 1 款将行政强制措施定义为"行政机关在行政管理过程中，为制止违法行为、防止证据损毁、避免危害发生、控制危险扩大等情形，依法对公民的人身自由实施暂时性限制，或者对公民、法人或者其他组织的财物实施暂时性控制的行为"。笔者认为，现行的《行政强制法》对行政强制的范围界定过于狭窄，仅仅包括对公民的"人身自由"和对公民、法人或者其他组织的"财产"进行限制或控制，而未能将诸如限制公民、法人或者其他组织从事某种活动的措施涵括在内。

基于此种理解，笔者倾向于将行政强制措施定义为：行政机关在实施行政管理的过程中，依法对公民人身自由进行暂时性限制，或者对公民、法人、其他组织的财产实施暂时性控制或对其行为和其他权利实施暂时性限制的措施。在上述界定基础上，结合我国法学界关于行政强制措施的特性的观点中较为一致的看法，笔者认为一个具体行政行为要被认定为行政强制措施，应具备如下特征。

（1）强制性。行政强制的强制性表现在对行政相对人的人身、

财产、行为或权利的强制限制或控制，这种强制不一定体现在实施该等行为的强制性上，但该等行为造成的结果一定是强制性的，即行政相对人的人身、财产、行为或权利受到了限制或控制。这一特征使行政强制措施与行政非强制措施得以区分。

（2）临时性和非最终性。这是由行政强制措施实施的目的决定的。采取行政强制措施的目的是为了预防、制止违法行为、证据损失、某种危险状况或危害状态的发生或扩大，因而当危险状况、危害状态被排除、违法行为被制止、证据得以保存或行政相对人履行规定的义务后，行政主体就应解除行政强制措施或不再采取进一步的监管措施。而如果已采取的措施尚不能预防、制止某种危险状况或危害状态的发生或使行政相对人履行规定的义务，则行政主体还可以采取进一步的处理措施，如采取更严厉的行政强制措施或给予行政处罚。这就决定了行政强制措施对行政相对人的人身、财产、行为或权利的限制或控制必然是临时性的、短时间、非最终的。临时性和非最终性是行政强制措施区别于行政处罚的最显著特征。

（3）不以实现某一行政处理决定所规定的内容为存在前提和目的。这是行政强制措施区别于行政强制执行的最重要特征。根据《行政强制法》的规定，行政强制执行是指行政机关或者行政机关申请人民法院，对不履行行政决定的公民、法人或者其他组织，依法强制履行义务的行为。也就是说，行政强制执行的存在前提是必须已经有一个发生法律效力的行政决定，而这一行政决定又未能由相关的行政相对人自觉执行，而行政强制执行的目的就是通过强制手段确保这一行政决定的最终实现。而行政强制措施则并不以一个发生法律效力的行政决定存在为必要，在采取行政强制措施之前，可能没有任何的行政决定存在，也可能有（如原采取的行政强制措施未能制止某种违法行为时，可以再行采取另外更为严厉的行政强制措施），而即使在已存在行政决定的情况下，采取行政强制措施的目的也不是为了实现该行政决定的内容，而是为了实现法律法规原本就规定的行政相对人应履行的义务或恢复正常状态。

2. 将第 4 ~ 29 项定性为行政强制措施的理由

在厘清行政强制措施的定义和特征后，笔者认为在上述 42 项中国证监会非行政处罚性监管措施中，第 4 ~ 29 项符合行政强制措施的定义和特征，因而可以被界定为行政强制措施。理由主要如下。

（1）该等措施都具有强制性特征，即该等措施的实施使行政相对人的人身、财产、行为或权利受到了限制或控制。其中，第 4 项监管措施"责令改正"和第 21 项"责令清理违规业务"是通过责令行政相对人改变当前的违法行为而达到限制其行为的效果；第 5 项措施"责令增加内部合规检查的次数"和第 28 项"责令暂停新增客户"会使行政相对人的正常经营性活动受到影响或限制；第 22 和 23 项措施是通过给行政相对人负担报告和披露义务而限制了其行为；❶ 第 24 项"采取要求公司增加注册资本金、提高风险准备金提取比例"使公司在法定范围内自主决定公司资本金和风险准备金提取比例的权利受到限制；第 25 项"责令进行业务学习、责令参加培训"则限制了相关人员在特定时间内自主决定如何使用时间的权利；第 6 项"责令处分有关责任人员，并报告结果"以及第 26 项"责令保荐机构更换保荐代表人、保荐业务负责人、内核负责人"则是对公司内部人事管理自主权的限制，但对于被更换或处分的人来说尚

---

❶ 需要说明的是，"要求报送专门报告、提交合规检查报告，要求披露资料"从表面上看似乎应属于最狭义的行政调查的范畴，即拟作出行政制裁之前的违法事实调查，但经过分析规定这些措施的规范性文件，笔者发现这些措施是在行政相对人已经被确认违反法定义务之后所采取的措施，因此并不符合行政调查的特征。

不构成处罚。其余的措施要么是直接限制了行政相对人的行为（如阻止出境、限制向有关人员支付报酬），或对其权利予以直接限制（如限制有关股东行使股东权利、指定其他机构托管或接管公司等），要么通过对行政相对人的申请不予受理、暂缓审核或不予批准而间接地限制行政相对人的行为或权利（如停止批准业务或收购、不受理发行新股的申请、不受理保荐机构的推荐等）。

（2）该等措施都具有临时性和非最终性。这些措施均在出现法定情形时适用，而该等情形不复存在时这些措施将被解除。如出境管理机关依法阻止证券公司直接负责的董事、监事、高级管理人员和其他直接责任人员出境的时间仅限于在证券公司被责令停业整顿、被依法指定托管、接管或者清算期间或者出现重大风险时，当该等情形不复存在或期间届满，上述人员便可自由出境。又如证券公司净资本或者其他风险控制指标达到预警标准的，中国证监会派出机构可要求公司进行重大业务决策时至少提前 5 个工作日报送专门报告，这一报送义务在证券公司净资本或者其他风险控制指标降低至预警标准以下时自然应予终止。

（3）这些措施都不以实现某一行政处理决定所规定的内容为存在前提和目的。这些措施中，有些要么在采取之前没有任何的行政决定存在（如责令改正），有些要么既可以在已有先行行政决定的情况下采取，也可以在事先没有行政决定存在的情况下采取，如《证券法》第 150 条规定的限制业务活动、责令暂停部分业务、限制分配红利、限制转让财产等措施，既可以在证券公司的净资本或者其他风险控制指标不符合规定从而严重危及该证券公司的稳健运行、损害客户合法权益时采取，也可以在中国证监会因证券公司的净资本或者其他风险控制指标不符合规定从而责令其限期改正，但其不予改正时采取；原采取的行政强制措施未能制止某种违法行为时，可以再行采取另外的更为严厉的行政强制措施；而即使在已存在行政决定的情况下，采取行政强制措施的目的也不是为了实现该行政决定的内容，而是为了实现法律法规原本就规定的行政相对人应履行的义务或恢复正常状态。如根据《证券公司风险控制指标管理办法》第 35 条的规定，证券公司净资本或者其他风险控制指标不符合规定标准时，派出机构应当责令公司限期改正，在 5 个工作日制定并报送整改计划，证券公司未按时报送整改计划的，派出机构应当立即限制其业务活动。此规定中的限制证券公司业务活动并非是为了促使证券公司报送整改计划，而是为了其净资本或者其他风险控制指标能符合规定的标准。

3. 从《行政强制法》第 3 条第 3 款看 4～29 项的合法性

《行政强制法》第 3 条第 3 款规定："行政机关采取金融业审慎监管措施、进出境货物强制性技术监控措施，依照有关法律、行政法规的规定执行。"就如何理解第 3 条第 3 款与《行政强制法》的关系，主要存在三种观点：第一种观点认为，金融业审慎监管措施是对金融业监管机构基于审慎监管原则而采取的各种措施的统称，因此，证券期货执法中所适用的包括查封、冻结、限制业务在内的各类监管措施，均不适用《行政强制法》，此可称为"完全不适用说"；第二种观点认为，金融业审慎监管措施只涉及那些针对金融业市场风险防范、行业合规监管而采取的监管措施，而那些为调查违法行为而采取的措施，如查封、冻结、限制买卖等，仍应遵守《行政强制法》的相关规定，此可称为"部分不适用说"；第三种观点认为，该条应从一般法与特别法的角度着眼，理解为相关金融法律或行政法规有特别规定的，适用该特别法的规定，没有特别规定的，统一适用《行政强制法》的一般规定。理由是：（1）该种理解符合立法者的本意。立法者的本意是对一些有特殊技术性要求的领域，预留灵活处理的空间，防止立法上过度的整齐划一与特殊领域的个性要求相冲突，而不是试图使金融监管部门与进出境行政管理部门完全逍遥于《行政强制法》之外。（2）避免了纠缠于"审慎监管"定义的困境。（3）符合法学理论与立法实践，一般法与特别法的关系问题是法学理论上的基本问题之一，就同一问题的处理，特别法优于一般法适用，从立法实践上来看，此类规定亦属常见。❶ 笔者赞同第三种观点。

《行政强制法》第9条列举了一些常见的行政强制措施：限制公民人身自由，查封场所、设施或者财物，扣押财物，冻结存款、汇款，而不在该条列举范围内的行政强制措施，根据《行政强制法》第10条和第11条的规定，只有法律、行政法规和地方性法规可以设定。此外，根据《行政强制法》第3条第3款的规定，行政机关采取金融业审慎监管措施也应按法律和行政法规的规定来执行。而根据《行政强制法》第70条的规定，法律、行政法规授权的具有管理公共事务职能的组织在法定授权范围内，以自己的名义实施行政强制，适用本法有关行政机关的规定。鉴于我国证券市场实行的是中国证监会集中统一监管，因此根据上述规定，中国证监会应依据且只能依据法律和行政法规的规定采取性质上属于行政强制的监管措施。但在上述第4~29项监管措施当中，只有第4~19项是属于法律和行政法规有规定的行政强制类型，第20~29项均由中国证监会颁布的规章或规范性文件设定，因此，第20~29项监管措施的设

---

❶ 黄江东："《行政强制法》与证券监管执法若干问题辨析"，载《国家行政学院学报》2011年第6期，第85~88页。

定违法。

（二）将第 30～42 项定性为行政处罚的理由

我国虽然早在 1996 年便颁布并实施了《行政处罚法》，但该法中并未对行政处罚的定义作出规定，只是在第 8 条列举了行政处罚的种类。根据该条的规定：行政处罚的种类包括警告、罚款、没收违法所得、没收非法财物、责令停产停业、暂扣或者吊销许可证、暂扣或者吊销执照、行政拘留以及法律、行政法规规定的其他行政处罚。而目前对证券违法行为规定了行政处罚措施的法律和行政法规只有《证券法》《股票发行与交易管理暂行条例》《基金法》《期货交易管理条例》《证券公司监督管理条例》《证券公司风险处置条例》。上述法律和行政法规中规定的行政处罚类型包括罚款、取缔、警告、暂停或撤销任职资格/从业资格、没收违法所得、没收业务收入、责令关闭、责令停止承销或者代理买卖、责令依法处理其非法持有的证券、暂停或者撤销、吊销相关业务许可。然而，是否只要从名称上看不能归入上述几种处罚类型的，就不属于行政处罚？答案显然是否定的。理由很简单：如果某种行政行为从名称上看不能归入上述几种处罚类型，就不能被认定为行政处罚的话，那么，行政机关就很容易通过行政立法的方式，自行创设一些名称上似乎无法纳入《行政处罚法》规定的行政处罚种类的措施，从而规避《行政处罚法》中关于行政处罚的设定权及行政处罚的决定、执行程序的规定，最终导致《行政处罚法》成为一纸空文。因此，是否属于行政处罚，不仅要从《行政处罚法》规定的类型上去判断，更要从行政处罚所具有性质和特征去判断。

关于行政处罚的性质和特征，理论界也是众说纷纭，但总体而言，大多数学者认为，与行政强制措施相比，行政处罚具有如下性质和特征。

（1）行政处罚是一种制裁行为。它以损害违法者的自由、财产能力或其他利益为目的，行政处罚的直接目的不是促使行政法义务的实现，而是要造成违法者精神、自由和经济利益受到限制或损害的后果。❶ 这是行政处罚不同于行政强制措施的一个重要特征。

（2）行政处罚是针对某一特定违法行为的一次性和最终的处理行为。与行政强制的临时性、非最终性不同，特定的行政主体对行政相对人的某一违法行为进行处罚的决定是最终的、一次性的，行政处罚遵循一事不再罚原则。❷ 行政主体不能对同一违法行为进行两次以上的处罚，也不能因为违法行为人在被处罚后改正而撤销处罚。

在分析了行政处罚的上述性质和特征后，笔者认为，第30～42项措施虽然从名称上看不属于行政处罚，中国证监会亦未将这些措施视为行政处罚（主要体现为采取这些措施时并未按照行政处罚的程序进行），但这些措施完全符合行政处罚的性质和特征，因而应被认定为行政处罚，具体分析如下。

（1）第30～42项措施均有具最终处理性的特征，不属于临时性的控制或限制措施。如责令更换董事、监事、高级管理人员，责令股东转让股权的监管措施均是在证券公司的净资本或者其他风险控制指标不符合规定时采取的措施，这些措施一旦被采用和执行，则

---

❶ 应松年：《行政行为法》，人民出版社1992年版，第464页。转引自杨小君：《行政处罚研究》，法律出版社2002年版，第10页。

❷ 虽然《行政处罚法》第24条规定"对当事人的同一个违法行为，不得给予两次以上罚款的行政处罚"，从而使得实践中有人认为"一事不再罚"只适用于罚款这一形式，但从公正的角度出发，行政法学界几乎一致认为对《行政处罚法》第24条应做广义解释，"一事不再罚"应属于所有行政处罚的共同原则。

很难逆转，而监管机构也并未设置逆转的机制。也就是说，证券公司更换董事、监事、高级管理人员或其股东转让股权后，即使证券公司的净资本或者其他风险控制指标符合了有关的规定，原董事、监事和高级管理人员也不必然就能恢复原职，原股东更是难以将转让出去的股份再受让回来。又如证券市场禁入或一定期间内不受理有关文件、申请或推荐的监管措施，虽然从表面上看，这些措施都是有时间限制的（在违法情节特别严重的情形下证券市场禁入还可能是终身的），但采取这些时间限制与违法行为是否得到纠正、义务是否得到履行或危险危害状态是否已经解除并无关系，也就是说，这些措施的时间是固定的，监管机构并不会因为违法行为已经得到纠正、义务得到履行或危险危害状态已经不再存在而及时解除这些措施。再如认定为不适宜担任相关职务、认定为不适当人选等措施，这些措施一旦被采取，则相关机构和人员在某一期间内便不再具备某种资格，而被剥夺某种资格的期间同样是固定的，不会视违法行为是否得到纠正、义务是否得到履行或危险危害状态是否已经解除而调整该期间。❶ 再如，像记入诚信档案并公布、向社会公示其违反承诺的情况以及将有关情况向其所在工作单位、所属主管部门或行业自律组织通报这类监管措施，由于被采取这类措施的行政相对人的声誉因为其违法行为在全社会或在一定范围内被公开、公示而受

---

❶ 如根据《证券公司董事、监事和高级管理人员任职资格监管办法》第 7 条的规定，自被中国证监会认定为不适当人选之日起未逾 2 年的人员不得担任证券公司董事、监事和高管人员；《期货公司董事、监事和高级管理人员任职资格管理办法》第 19 条规定，自被中国证监会及其派出机构认定为不适当人选之日起 2 年内的人员不得申请期货公司董事、监事和高级管理人员的任职资格。

到损害,❶ 同时这一类监管措施同样不会因为违法行为得到纠正而解除,因此明显具备行政处罚中的声誉罚之特征。最后,撤销公司、❷清理子公司、限期撤销境内分支机构这一措施更是彻底剥夺了公司、子公司和分支机构的营业能力,其直接后果就是公司、子公司和分支机构从市场上退出。

(2)尽管从发生的原因上看,第30~42项措施确实是为了促使某种行政法义务的实现或为了预防、制止某种危险状况或危害状态的发生而采取的,但正如上文所述,这些措施一旦采取,就与行政法义务的实现与否、危险危害状态仍旧存在与否相脱离,这就使得这些措施的目的发生了变化,转变为纯粹的制裁,即转变为以损害违法者的自由、财产能力或其他利益为目的。这就使得这些貌似行政强制措施的监管措施具备了行政处罚的特质。

既然这些措施实质上属于行政处罚,那么,根据《行政处罚法》的规定,只有法律、行政法规、地方性法规和规章有行政处罚的设定权或规定权,没有法定依据的行政处罚无效,而在第30~42项实质属于行政处罚的监管措施中,只有第30~35项是在《证券

---

❶ 被采取该等措施的行政相对人还可能会因该声誉的受损而导致其他利益的损害,如上市公司的高管如被采取记入诚信档案并公布的监管措施时,今后若其想到其他上市公司任职时,其他上市公司可能会因为该记录的存在而予以拒绝。

❷ 从实施的后果看,撤销公司与责令公司关闭所引起的后果并无二致,但令人疑惑的是《证券法》中却将两者分开,把撤销公司作为监管措施的一种,而把责令关闭放在"法律责任"一章中作为行政处罚的一种。而经笔者查阅中国证监会网站上公布的行政处罚记录,中国证监会实践中也并未将撤销公司(如2002年撤销鞍山证券、2003年撤销新华证券)作为行政处罚看待,故并无撤销公司的行政处罚决定书记录。不过由于当时的《证券法》等法律法规并未规定中国证监会有权采取撤销这一监管措施,所以严格来说中国证监会在2006年之前对证券公司作出的撤销决定并无法律依据);而由于2006年《证券法》修订后至今尚未有被撤销的证券公司,因此笔者还不能确定中国证监会是否会将该措施作为行政处罚对待。

法》《股票发行与交易管理暂行条例》《基金法》《期货交易管理条例》《证券公司监督管理条例》和《证券公司风险处置条例》中有明确规定的，其余几项均由中国证监会的规章或规范性文件作出规定，因此依这些规章或规范性文件采取的第 36～42 项监管措施应归于无效。

（三）关于第 1～3 项监管措施的定性

监管谈话、谈话提醒、出具监管关注函、出具警示函、重点关注、记入诚信档案和记入信用记录等措施的定性需要具体分析。

首先看监管谈话、谈话提醒、重点关注、出具监管关注函、出具警示函这五种监管措施。根据规定这五种措施的中国证监会颁布的规章或规范性文件的相关条款，这些监管措施不具有制裁性和最终性的特征，因而无法归类于行政处罚；同时，这些措施本身的实施并不会使行政相对人的人身、财产、行为或权利受到限制或控制（据笔者了解，中国证监会对保荐代表人采取监管谈话措施时，就出现过被谈话人缺席的情况，而在这种情况下中国证监会也没有采取进一步的措施），因此这些监管措施并不具备强制性的特征，故无法归入行政强制措施之列。经过分析，笔者认为这四种措施应属于非强制性行政措施，但是，如果监管机构在谈话中或在其所出具的关注函、警示函中向行政相对人提出改正要求或在法律法规规定的既有正常义务之外要求行政相对人提交有关信息、报告等要求的，则这些措施应被认定为行政强制措施，因为在此种情形下行政相对人的行为将受到限制。

其次看记入诚信档案/记入信用记录这一监管措施。正如上文所分析的，笔者认为记入诚信档案并公布这一监管措施应属于行政处罚中的声誉罚，而仅记入诚信档案/记入信用记录但并不公布又如何定性呢？由于未向社会公布，因而违法的行政相对人的声誉不会受到损害，其他利益也不会因此受到损害，而根据目前中国证监会的有关规定，记入诚信档案/记入信用记录亦不会使违法的行政相对人之其他利益受到损害，因此这种措施不符合行政处罚的制裁性特征，故不应被定性为行政处罚。另外，这种监管措施似乎也难以被定性为行政强制措施，因为不良记录会一直存在，同时被记入诚信档案在我国目前的相关规定中并不会使行政相对人的人身、财产、行为或权利受到限制或控制，故不符合行政强制措施的临时性和强制性特征。所以，笔者认为，在目前的规定下，记入诚信档案但并不公布这一监管措施目前只能定性为非强制性行政措施。

四、中国证监会采取非行政处罚性监管措施的程序

虽然效率一直是行政所追求的一个非常重要的目标和价值，但是在行政权力极度扩张的当代，如果没有一些制度去约束行政的尖利触角，那么打着"效率为先"旗号的行政权力极易走向专断，专断虽然可能可以保障一时的效率，但无疑会葬送持久的效率。行政程序正是为了防止行政专断而设计的一种约束性制度。

（一）采取第 30～42 项监管措施应遵循的程序

正如上文所分析的，第 30～42 项实质上并非"非行政处罚性监管措施"，而是行政处罚，因此笔者认为，在采取这些措施时，中国证监会应当遵循行政处罚的程序。但在实践中，除了证券市场禁入这一措施的实施程序可以在中国证监会 2006 年颁布的《证券市场禁

入规定》(此前为 1997 年中国证监会颁布的《证券市场禁入暂行规定》)中找到相关依据外,其他被中国证监会认为并不属于行政处罚的监管措施均未遵循行政处罚的程序规定,也未见到公开披露这些措施采取时应遵循的程序性规定。

为了保障行政相对人的合法权益,《行政处罚法》对行政处罚规定了较为严格的程序,而中国证监会为了落实《行政处罚法》,于 2002 年颁布通知,明确行政处罚的机构设置及其职责,确定行政处罚的基本流程。2006 年 12 月 20 日,中国证监会成立行政处罚委员会,负责行政处罚案件的审理、听证工作,并对行政处罚案件提出处罚建议。2007 年,中国证监会颁布《行政处罚听证规则》(之前曾经颁布《行政处罚听证办法》《行政处罚听证规则(试行)》)。根据上述规定及相关部门的职责,中国证监会行政处罚一般应经过如下程序。

(1)调查程序。中国证监会稽查部门负责立案和调查工作。在依法给予行政处罚前,稽查部门必须查明事实,全面、客观、公正地调查,收集有关证据,必要时还可以依法进行检查;案件调查终结后,稽查部门提出《案件调查终结报告》后连同全部案件卷宗材料一并移交法律部。

(2)案件审理。案件审理与案件调查分离。法律部收到稽查部门移送的《案件调查终结报告》及全部案件卷宗材料后,经审查,认为案件事实不清、证据不足的,退回稽查部门补充调查;认为案件主要事实清楚、证据充分的,依法对当事人行为的法律性质、法律责任进行认定,提出《案件审理报告》,报会分管领导批准后提交行政处罚委员会审理。

(3)事前告知程序。对行政处罚委员会认为应当进行行政处罚的案件，法律部根据行政处罚委员会的《审理意见》拟定《行政处罚决定书（稿）》，告知当事人作出行政处罚决定的事实、理由及依据，并告知当事人依法享有的陈述、申辩和要求听证等权利。

（4）行政相对人的申辩。当事人有权进行陈述和申辩。中国证监会必须充分听取当事人的意见，对当事人提出的事实、理由和证据，应当进行复核；当事人提出的事实、理由或者证据成立的，行政机关应当采纳。而且，中国证监会不得因当事人申辩而加重处罚。

（5）听证程序。中国证监会对当事人依法作出责令停止发行证券、责令停业整顿、暂停或者撤销证券、期货业务许可、撤销任职资格或者证券从业资格、对个人处以罚款或者没收违法所得人民币5万元以上、对法人或者其他组织处以罚款或者没收违法所得人民币30万元以上和法律、法规与规章规定的可以要求听证的其他处罚时，如当事人要求举行听证的，由法律部负责安排听证时间、地点，书面通知当事人或者其代理人。

（6）事后告知程序。中国证监会依法给予行政处罚，应当制作行政处罚决定书。行政处罚决定书应当载明行政相对人违反法律、法规或者规章的事实和证据、行政处罚的种类和依据、行政处罚的履行方式和期限以及不服行政处罚决定时的救济途径。

（7）回避程序。调查或检查人员与当事人有直接利害关系的，应当回避。在听证程序中，如当事人认为主持人、听证员与本案有直接利害关系的，也有权申请回避。

上述程序虽然已经较为完善，但并非无懈可击，譬如现行规定并未对非听证程序下审理人员的回避作出要求，又如没有规定中国证监会应当对当事人的申辩接受与否作出说明并陈述接受或不接受的理由。

（二）采取第 1~29 项监管措施应遵循的程序

第 4~29 项监管措施属于行政强制措施，因而笔者认为应遵循《行政强制法》规定的相关程序。根据《行政强制法》第 18 条的规定，行政机关实施行政强制措施应遵循如下程序：（1）实施前须向行政机关负责人报告并经批准；（2）由两名以上行政执法人员实施；（3）出示执法身份证件；（4）通知当事人到场；（5）当场告知当事人采取行政强制措施的理由、依据以及当事人依法享有的权利、救济途径；（6）听取当事人的陈述和申辩；（7）制作现场笔录；（8）现场笔录由当事人和行政执法人员签名或者盖章，当事人拒绝的，在笔录中予以注明；（9）当事人不到场的，邀请见证人到场，由见证人和行政执法人员在现场笔录上签名或者盖章。如果中国证监会认为上述程序确实不适合于某些监管措施的，笔者建议可以在相关法律和行政法规中明确规定某些监管措施特别适用的程序，这种程序性规定也恰恰是我国目前法律和行政法规中尤其欠缺的。

至于性质属于非强制性行政措施的第 1~3 项监管措施，目前相关法律法规中也没有对该等措施应遵循的程序作出规定。然而，笔者认为，没有制定法对中国证监会采取行政强制措施时应当遵循的程序作出规定，并不等于中国证监会采取这些措施时就无须遵循任何程序。公正的程序不仅是保护行政相对人合法权益的需要，也是防止行政主体滥用职权、保证行政效率（需要强调的是，速度不等于效率）的要求。那么，怎样的程序才算是公正的程序？美国联邦最高法院 1976 年在马修斯诉埃德里奇案件中声称，正当法律程序所要求的公正程序，必须考虑三个因素：（1）受行政决定影响的私人的利益；（2）由于行政机关所使用的程序，这些利益可能被错误地剥夺的危险，以及采取增加的或代替的程序保障可能得到的任何利益；（3）包括相关的行政作用在内的政府利益以及增加的或代替的程序保障可能带来的财政和行政负担。因此，正当法律程序所要求的公正程序是平衡各方面利益的结果，是一个灵活的程序。根据需要保护的利益的重要程度和性质的不同，正当法律程序可能要求行政机关的决定，必须采用正式的听证程序，也可能只要求一个非常简单的程序，仅仅给予当事人一个非正式的陈述意见的机会。❶

据笔者了解，在实践中，中国证监会或其派出机构在采取其认为不属于行政处罚、行政强制或市场禁入的监管措施时，并不注重遵循一个公正的程序，例如不给相对人申辩的机会，或未告知相对人救济的权利。而被告知情权及提出申辩的权利恰恰是公正程序中的核心内容，任何公正的行政程序都应该包括该两项内容，中国证监会或其派出机构虽然面对的是违规量大、信息化、时效性和专业性相当强的证券市场，但这并不能成为其剥夺相对人基本程序保障的理由。除了应保障相对人这两项基本权利外，对于那些对相对人利益影响较大的措施，如指定其他机构托管或接管公司、限制股东行使股东权利、暂停部分业务、停止批准新业务等，都应该赋予相对人申请正式听证的权利，当然在紧急情况下，这种正式的听证可以事后进行。此外，对于对相对人利益影响较大的措施，还应该改变目前由相关部室直接作出决定的做法，而改由一个类似于行政处罚委员会的相对独立机构集体决定，以贯彻查审分离的原则。

---

❶ 王名扬：《美国行政法（上册）》，中国法制出版社 2005 年版，第 538 页。

五、结　语

我国行政法理论体系沿袭了大陆法系的特点，对行政行为做了较为细致的划分，而现有的和正在构建的行政法律法规体系也深受理论界的影响，不但对行政行为的种类予以细分，而且对其设定权限、实施和应遵行的程序作出了不同的规定。中国证监会"非行政处罚性监管措施"正是在《行政处罚法》出台后、其他行政行为的专门规范法出台前这一期间内出现的一个特定概念。一方面，由于某些行政行为其实很难完全予以界分，《行政处罚法》并未对行政处罚的内涵作出明确，而列举式的处罚种类之规定显然先天存在"挂一漏万"之不足，这一不足在需要采取多种监管手段的证券监管领域尤显突出，这就使得中国证监会采取的"非行政处罚性监管措施"中的某些措施实际上与行政处罚无异，却不受《行政处罚法》的约束。另一方面，由于《行政强制法》明确列举的行政强制措施种类非常少，且该法第3条第3款的规定之技术性缺陷致使金融业审慎监管措施是否适用《行政强制法》显得扑朔迷离，因此对于那些确实属于非行政处罚性的监管措施，中国证监会是否有权采取、应如何采取，目前基本属于无约束状态，而这种无约束状态不但使行政相对人的权益无法得到应有的保障，而且也使中国证监会的执法权威受到质疑、执法效果欠佳。因此，未来如何在完善我国行政执法法律体系的基础上结合证券监管的特性，建构兼顾效率与公平的证券执法体系，是一个非常值得深入研究的课题。

中国证监会发行审核委员会的法律地位及其运作机制存在问题探析

一、引　言

中国证监会发行审核委员会（以下简称"发审委"）作为实施我国股票发行核准制的一个配套制度装置，其命运与核准制一样，自成立以来就逃不脱业界与公众的诟病，但该机构成为公众所关注的焦点还得归功于王小石向上市公司出卖发审委委员名单一事的曝光。此事发生后，中国证监会采取的其中一个应对措施便是改革包括委员遴选、设置专职委员、委员名单公开等在内的发审委运行机制，上述改革之制度成果主要体现为 2003 年 12 月 5 日发布的《股票发行审核委员会暂行办法》。随着近几年我国证券市场的跨越式发展，掌握股票发行审核权的发审委越来越引起人们的关注，2011 年

7 月的和佳医疗事件❶更是把发审委推到风口浪尖，该事件是公众对自王小石事件后经改革的发审委这一机构运作的有效性和公正性持怀疑态度的一个集中反映，该事件还引起了公众对发审委及其委员的监督与问责的关注。然而，笔者认为，事前的预防比事后的责任追究往往更为可取，与对发审委及其委员进行事后的问责相比，对发审委的法律地位、目前的组成和运作机制之不足进行研究并予以改善，是一种成本更低但更为有效的保证发审委机体健康的方法。

二、发审委的法律地位——从与
中国证监会的关系角度解析

发审委的设置最初源于 1999 年实施的《证券法》第 14 条的规

---

❶ 珠海和佳医疗设备股份有限公司（"和佳医疗"）首次公开发行股票的申请原定于 2011 年 7 月 15 日由创业板发行审核委员会审核，但 2001 年 7 月 13 日，有媒体质疑发行人存在商业贿赂不良记录、无证销售产品、被取消参加政府采购资格等问题，有鉴于此，2011 年 7 月 14 日，中国证监会决定取消原定于 2011 年 7 月 15 日创业板发审委会议对该公司发行申报文件的审核，以便核实有关事项。2011 年 7 月 22 日，中国证监会发布公告称决定于 2011 年 7 月 26 日召开创业板发行审核委员会对和佳医疗的股票发行申请进行审核，此后在 2011 年 7 月 26 日召开的创业板发审委会议上，和佳医疗的发行申请获通过。由于和佳医疗再次上会的时间间隔很短，同时两次发审会安排的委员有差别，且和佳医疗和中国证监会均未对核查的情况予以说明，因此和佳医疗通过审核的公正性遭到媒体和公众的广泛质疑，媒体和公众普遍怀疑腐败行为的存在。为此，中国证监会有关部门负责人接受证券时报记者采访对相关质疑作出回应，证监会相关负责人表示，保荐机构、律师经向湖南省卫生厅、瑞安市药监局、东阳市药监局、内江市药监局、广东省工商局以及珠海市工商局核查，认为上述媒体质疑事项不属实，并提交了核查情况等材料。鉴于相关机构已对媒体质疑事项进行了核查，并有明确结论，和佳医疗也进一步作出了说明，中国证监会决定于 7 月 26 日召开创业板发审委 2011 年第 53 次工作会议，对和佳医疗股票首发申报文件进行审核。由于原拟参加第 47 次会议的两名委员在公告之前因事已向证监会请假，安排了原拟参会的 5 名委员和其他两名委员对该公司申报文件进行审核。至此该事件才算告一段落。

定："国务院证券监督管理机构设发行审核委员会，依法审核股票发行申请。发行审核委员会由国务院证券监督管理机构的专业人员和所聘请的该机构外的有关专家组成，以投票方式对股票发行申请进行表决，提出审核意见。发行审核委员会的具体组成办法、组成人员任期、工作程序，由国务院证券监督管理机构规定。"现行《证券法》第 22 条则原封不动地承继了上述规定。发审委制度采用了有市场主体参与的组织结构，借助市场人士的专业知识，力图在发行核准中对发行申请人的实质审查与市场的价值评估相契合。因此，可以认为发审委并非一个纯粹的行政组织，而具有公私结合的组织性质。发审委所行使的审核权已不是单纯的行政权力，而是一种有私人主体参与到公共权力中的混合监管方式。❶ 由于发审委所行使的职能并非由组织法所规定而是由其他具体的法律法规所授，所行使的是特定的行政任务而非一般性的行政任务，因此符合我国行政法学界对"法律法规授权组织"的特性之界定，应可被定性为法律法规授权的组织。在这一定性基础上，笔者认为还要厘清发审委与中国证监会的如下几个关系，才能彻底界清发审委的法律地位。

（一）发审委是否是中国证监会的内设机构

正如前文所述，笔者认为中国证监会属于国务院直属机构，根据《国务院行政机构设置和编制管理条例》第 13 ~ 14 条的规定，国务院直属机构在职能分解的基础上设立司、处两级内设机构，司级内设机构的增设、撤销或者合并，经国务院机构编制管理机关审核方案后报国务院批准，处级内设机构的设立、撤销或者合并，由国

---

❶ 时晋、曾斌、吴锦宇："中国大陆发审委的法经济学反思"，见《2012 年度（第十届）中国法经济学论坛论文集》。

务院直属机构自行决定并按年度报国务院机构编制管理机关备案。而根据《国务院办公厅关于印发中国证券监督管理委员会职能配置内设机构和人员编制规定的通知》（即中国证监会三定方案）以及中国证监会网站上的公示，发审委并不属于其司级或处级的内设机构。因此，从设定的程序上看，发审委并不属于中国证监会的内设机构。此外，从发审委委员的独立性上看，目前发审委委员绝大多数都是从中国证监会之外聘请的有关专家，包括会计师、律师、评估师、基金公司专业人士及高校专家等，而且根据《中国证券监督管理委员会发行审核委员会办法》第 11 条的规定，发审委委员是以个人身份出席发审委会议，独立发表审核意见并行使表决权，并不代表中国证监会或其某一内设机构进行审核并发表意见，而中国证监会对发审委委员虽具有考核和监督权，但其考核和监督的内容主要限于是否违法或违反发审委工作纪律，故中国证监会与发审委及其委员之间并不具备命令与服从这一上下级或隶属关系的属性。因此，笔者认为，发审委不属于中国证监会的内设机构，而是法律授权的独立性组织。

（二）发审委是咨询机构还是决策机构

根据 1999 年实施的《证券法》第 14 条和现行《证券法》第 22 条的规定，发审委的职权是通过投票表决方式对股票发行申请提出审核意见，但提出审核意见并不等于其拥有作出核准或不予核准的决定权，根据现行《证券法》第 23 条第 1 款的规定，股票发行申请的核准权不在发审委而是属于中国证监会。❶ 由于发审委对股票发行

---

❶ 现行《证券法》第 23 条第 1 款规定："国务院证券监督管理机构依照法定条件负责核准股票发行申请。核准程序应当公开，依法接受监督。"

申请不享有最终的决策权，因此其性质上只能属于咨询机构而非决策机构。正如台湾地区行政法学家黄锦堂所分析的："各机关依据法律或依据首长指令而设立之咨询性委员会，性质也属于幕僚机构，因为其并不享有最后之决定权。"❶

（三）发审委的审核及其意见对中国证监会是否有约束力

作为咨询机构，发审委的审核是否为必须？其审核意见对拥有核准权的机构——中国证监会是否有约束力？对于前一问题，其答案是显而易见的：由于《证券法》规定股票发行审核是发审委的法定职权和职责，因而中国证监会做出核准或不予核准的行政许可决定前，发审委的审核就是一个法定的必经程序，未经该程序作出的行政许可决定将构成《行政许可法》第69条所规定因违反法定程序而面临被撤销风险的决定。对于后一问题，《证券法》未正面给出答案。但中国证监会发布的《中国证券监督管理委员会发行审核委员会办法》第42条第2款规定，发行人股票发行申请通过发审委会议后，有证据表明发行人、其他相关单位或者个人直接或者间接以不正当手段影响发审委委员对发行人股票发行申请的判断的，或者以其他方式干扰发审委委员审核的，中国证监会可以暂停核准；情节严重的，中国证监会不予核准。该办法第23条第2款也规定如出现发审委会议审核意见与表决结果有明显差异或者发审委会议表决结果显失公正情况的，中国证监会可以进行调查，并依法做出核准或者不予核准的决定。根据上述规定，中国证监会是有可能对发审委已经审核通过的股票发行申请行使否决权的，行使该权利的前提

---

❶ 黄锦堂："行政组织法之基本问题"，见翁岳生：《行政法（上册）》，中国法制出版社2002年版，第285页。

是有证据表明发审委的审核受到了干扰且情节严重或者发审委会议审核意见与表决结果有明显差异或者发审委会议表决结果显失公正。然而，正如日本行政法学家盐野宏所称："既然就法律所规定事项进行了咨询，就应该尊重该咨询意见，这是当然的道理。假定不服从该提案、劝告等的时候，对提出咨询的有关国家机关等来说，便产生对不服从予以说明的义务。"❶ 同时，由于发审委会议对发行人的股票发行申请投票表决后中国证监会就必须及时在网站上公布表决结果（一般都是当天公布），因此，除非有非常确凿的证据和充分的理由并将这些理由予以公开，否则中国证监会根本不可能对已经公开的发审委会议审核意见（无论该审核意见为通过或不通过）予以否决。这一切都使得发审委的审核意见对中国证监会有实质上的约束力。而在实践中，至今也尚无中国证监会行使否决权的先例，这也说明这一约束的现实性。

（四）发审委可否单独或与中国证监会共同作为被复议机关或被告

这一问题并非空穴来风，而是非常具有现实性。就笔者所知，未能通过发审委审核的企业中就有部分曾经考虑是否启动行政复议或诉讼程序。而他们在考虑是否启动该等程序时，就面临着是否也把发审委作为行政复议被申请人或行政诉讼被告的困惑，因为众所周知，不予核准的正式决定虽然是由中国证监会作出的，但中国证监会作出的决定完全是基于发审委的审核意见，这在中国证监会向申请人出具的不予核准的决定中也非常明确地表明了这一点，故如果不把发审委作为复议或诉讼的对象，拟启动复议或诉讼程序的企

---

❶ ［日］盐野宏著，杨建顺译：《行政组织法》，北京大学出版社 2008 年版，第 60 页。

业会有未标中靶子之感。然而，由于核准或不核准的决定从形式上看是以中国证监会的名义作出，发审委并未对申请人作出行政决定（或称具体行政行为），其也并非法定的行政决定作出机构，因而依法无法满足我国行政复议被申请人和行政诉讼被告的主体资格，也就是说，发审委不能单独或与中国证监会共同作为被复议机关或被告。

三、发审委的组成及运作存在的问题

（一）发审委委员所代表的专业性领域仍有拓宽空间

从定位上看，发审委是辅助中国证监会作出股票发行许可决定的咨询机构，故必然要求其委员应具备提供咨询意见的能力，而要判断一家企业是否符合公开发行股票的条件，将涉及不同方面的专业判断，因此发审委委员应尽可能覆盖不同的专业领域。从中国证监会 2003 年 12 月聘任第六届发审委委员起至 2013 年年底，中国证监会聘任的发审委委员（包括主板和创业板）都分为两种：兼职委员和专职委员。专职委员除少数是证监会和交易所派出的代表外，其他均是从从事证券业务的会计师事务所、律师事务所和评估师事务所的合伙人中聘任。兼职委员除少数是证监会和交易所派出的代表外，其他一般从高校、基金管理公司、发改委、国资委、科技部等机构中聘任，创业板的兼职委员还包括由科技部和中国科学院推荐的在新材料、新能源、电子信息、生物医药、先进制造和现代服务业等创业板重点推荐领域内从事科学技术研究开发和产业化及科技管理的专家。2014 年新聘任的第六届创业板发审委委员和第十六届主板发行审核委员会则在委员的来源上作了较大调整，大幅度增加市场买方的投资者代表，增加了来自公募基金管理公司的委员数量，新从全国社保基金理事会、保险公司、创业投资机构中选聘委员，并从上市公司董秘中选聘委员。从整体上来说，中国证监会在聘任发审委委员时，还是非常注重人员的专业代表性的，但仍存在一些不足之处，主要体现在：（1）缺乏公司整体管理方面的专家，目前所聘任的专家主要还是财务、法律、产业等各领域的专家，基本上都属于"拆分型"的专家，而缺少"整合型"的公司管理专家；（2）与创业板发审委委员相比，主板发审委委员的选聘未能顾及在各主要产业领域的专家代表。

（二）发审委委员的遴选办法和程序仍有待完善

（1）目前相关委员候选人均由相关单位推荐，推荐人的选择仍然受缚于"单位情结"。这一推荐办法不但把一些没有隶属单位的专家排除在外，也把一些个人专业能力完全符合发审委候选人要求但其所隶属单位不符合要求的专家排除在外。由于发审委委员是代表其个人而非代表其所在单位为中国证监会提供审核意见，其之所以被选为委员应是基于其个人专业能力而非所在单位的实力，因此，如果说对推荐人设置要求是为了更方便、快速地遴选出合格的委员，那也不应关闭其他可能选出合格委员的途径。

（2）发审委委员候选人的推荐人部分选择较为随意，如高校候选人的推荐人，第十届、第十二届和第十三届主板发审委委员高校候选人的推荐方分别是对外经济贸易大学、中央财经大学和中国政法大学。但选择这些高校作为推荐人的原因，完全可以用"丈二和尚摸不着头脑"来形容。而 2014 年新聘任的第六届创业板发审委员和第十六届主板发行审核委员会大幅度增加市场买方的投资者代表更是引起业界的质疑。

（3）目前除了会计师、律师、资产评估师专职委员候选人和基金管理公司的兼职委员候选人的推荐人和推荐办法在中国证监会关于发审委委员候选人的公告中有所说明外，其他委员候选人仅说明了推荐人，而未说明推荐办法。

（4）发审委委员候选人的简历公开得不全面，公众无法根据公开的简历判断其是否完全符合中国证监会在公告中要求委员应符合的所有条件，例如主板一般要求会计师、律师和评估师委员应具备的条件之一是该等委员签字或负责的上市公司和拟上市公司（已受理）相关证券业务不少于10家次，但中国证监会公示的候选人简历中无法判断出候选人是否符合这一要求。

（5）虽然公示了委员发审委候选人名单和简历，并说明公众可以在规定时间内提出异议，但中国证监会在公示期满后直至正式委员的名单确认后均未向公众交代有无收到异议，候选人最终入选与不入选的原因也未能说明，这不但会引起对落选候选人不必要的猜测，而且不利于公众对遴选程序的监督。

（三）发审委运作的透明度和规范性仍有待加强

"阳光是最好的消毒剂，灯光是最有效的警察"❶，公开、透明是公正的前提，是杜绝腐败的有效途径，因而公开、透明是发审委运作应当遵循的首要原则。然而，从该原则的贯彻看，发审委的运作还存在着诸多不足。

---

❶　［美］布兰代斯著，胡凌斌译：《别人的钱：投资银行家的贪婪真相》，法律出版社2009年版，第19页。

（1）目前仅公开发审委会议的表决结果，而未公开参加发审委会议的委员个人的投票情况及其表决理由，这一机制不利于公众对发审委委员是否尽责审核发行申请、是否具有审核的专业能力等进行监督，从而导致声誉约束机制无法发挥作用。

（2）自预披露制度实施以来，拟申请上市企业因为被举报而被中国证监会取消原为其安排的发审会的情况已不乏见，但对于在核查清楚后又安排企业重新上会的，目前没能及时公布相关中介机构对举报事项的补充核查意见和申请人的补充说明（目前只能在企业在交易所挂牌上市后公布的相关中介机构文件中获悉一部分的说明和核查意见，而当公众看到这些说明时往往已经是重新安排上会后几个月了），这往往会导致媒体和公众对发审委公正性的质疑，和佳医疗事件即是一个深刻教训。

（3）正如前文所分析，发审委性质上是中国证监会的咨询机构而非决策机构，因此其无权作出行政决定，因此虽然目前为止中国证监会作出的核准或不核准股票公开发行的决定完全是基于发审委的审核意见，但根据《证券法》和《中国证券监督管理委员会发行审核委员会办法》的相关规定，还是存在中国证监会不依照发审委的审核意见而作出相关行政决定的可能性的，然而目前中国证监会在公告发审委的表决结果时并未说明发审委的审核意见并非一个行政决定，这很容易让公众误解发审委的审核意见就是中国证监会作出的行政决定，模糊了公众对发审委法律性质的认识（例如曾有未过会企业向笔者咨询是否可以以发审委为复议被申请人提出行政复议），同时加大了中国证监会依法可以不按发审委审核意见作出相关行政决定的操作难度。

四、完善发审委组成及运作机制的若干建议

针对上文提及的发审委组成及运作存在的问题，笔者提出几点完善建议如下。

（一）建立单位推荐和个人自荐两种并行的发审委委员推荐渠道，设置高校和科研机构专家库

在目前由单位推荐发审委委员的基础上，新增个人自荐这一推荐渠道，这不但可以使发审委委员的来源更为广阔，弥补了没有隶属单位的独立专业人士或行业专家无法入选的缺憾，而且这一途径产生的委员与单位推荐的委员相比，有在审核中不受单位利益影响的优势。

高校和科研机构的专家人员相对稳定，他们与证券行业的利益相关性较弱，因此可以在公布选拔条件的基础上，高校和科研机构推荐或个人推荐相关人选，并对就该类人员设置专家库，经资格审查后列入发审委候选人专家库并按专业领域进行分类，以后每届聘任新委员时就该类候选人采取按类别随机选取的方式确定，被抽到的人员经公示无异后即可聘任。这种方式可革除目前高校和科研单位推荐单位和推荐人员选择随意性之弊端。

（二）丰富主板发审委委员所代表的专业领域，增加相关专业领域的委员

针对主板发审委委员所代表的专业性领域欠缺的问题，笔者建议，聘任有丰富公司整体管理经验的人员担任委员，如某些知名公

司尤其是上市公司的董事长或总经理；增加主板发审委委员中各主要产业领域的专家代表。

（三）完善相关机制，增强发审委委员遴选程序及发审委运作的公开透明度

（1）在发审委遴选程序方面，对于发审委委员候选人的简历，应全面公示能够影响公众判断其是否符合担任发审委委员条件的所有情况，公示期内收到异议及对异议所反映的问题进行核查的结果应在确定公布委员人选时予以公布，同时应公布确定委员人选的办法，该办法应能解释候选人入选与不入选的原因。

（2）在发审委的运作方面，每个与会发审委委员的投票情况和表决理由均应与表决结果一并公开，以方便公众对发审委委员的监督，对于申请企业未能通过发审委审核的原因，也应同时予以披露，这不但对其他拟上市公司和公众是一种教育途径，而且对申请企业来说，让公众了解其被否决的原因也可使其免于流言的干扰。

（3）对于被公开举报的申请企业，应在公开相关补充核查意见和补充说明后才安排重新上会，这不但是对公众的一个交代，避免公众对中国证监会和发审委公正性的质疑，而且也可起到由媒体和公众对申请企业进行二次监督的作用。

（4）无论发审委的表决结果如何，中国证监会都应在公布发审委审核结果的同时以明显的文字提醒公众，发审委的审核意见不应被视为中国证监会就该股票公开发行申请作出的核准或不予核准的行政决定，相关行政决定将由中国证监会在充分考虑发审委审核意见的基础上作出。

（四）建立复审委员会，对发审委审核不予通过的申请在中国证监会作出决定前给予救济的机会

一方面，正如前文所述，由于中国证监会作出的核准或不予核准公开发行申请的决定完全是基于发审委的审核意见，故如果不把发审委而仅把中国证监会作为行政复议被申请人或行政诉讼被告，那么，拟启动行政复议或诉讼的企业希望中国证监会核准其发行申请的诉求基本上会落空，因为在目前规定下，除非中国证监会有证据证明发审委的审核受到了干扰且情节严重或者发审委会议审核意见与表决结果有明显差异或者发审委会议表决结果显失公正，否则中国证监会无法解释其不尊重发审委审核意见的正当性，但要中国证监会去证明上述情况的存在，一般情况下既非其所愿亦非其所能。另一方面，由于发审委在法律地位上是咨询机构而非决策机构，其不具备作出行政决定的能力，因而在目前我国的行政复议或行政诉讼体制下，发审委是无法作为行政复议的被申请人或行政诉讼的被告的。因此，应该考虑在行政复议和诉讼制度之外设计一种机制，可以在避免中国证监会遭受不尊重专家意见之非议的前提下使发行申请人获得实质性救济的权利。对此，笔者认为，如果在发审委作出不予通过的审核意见后、中国证监会作出行政决定前创设一种专家复审制度，则既可以让申请企业获得无须通过行政复议或行政诉讼这种复杂且与中国证监会处于对抗地位的程序就获得被重新审核的机会，又可以避免中国证监会遭受不尊重专家意见的非议。具体而言，笔者建议这种复审制度的设计要点如下：（1）复审的申请可由保荐人或申请企业提出。（2）接到复审申请后，中国证监会负责从发审委委员中另行选择未参与第一次审核的委员召开复审会议

（参会的委员人数与第一次发审会议相同），对申请企业的发行申请进行复审，复审的内容不但包括申请企业提交的申请材料，还应包括中国证监会发行监管部门的初审报告和参与第一次审核的发审委委员的表决情况和理由。（3）应给予申请企业和保荐机构较为充分的申辩时间，包括针对第一次发审委委员表决理由的申辩。（4）复审会议采取比第一次发审会议更为严格的表决方式，必须经参加复审会议的全体委员一致同意方可推翻第一次发审会议的表决结果，根据表决结果出具复审意见，并将参加复审会议的每个委员的表决情况和表决理由以及复审会议的复审意见予以公告。

五、结　　语

发审委设立至今已有十多年，其间虽经重大改革，但各类弊端一直如影随形，这很大部分可归咎于其组成和运作之公开透明度的缺乏。但若要彻底解决发审委存在的问题，唯有撤销该委员会及取消其赖以依存的股票发行核准制度并以注册制代之，❶ 而在仍然维系目前发行核准制度的情况下，我们所能做的就是尽可能让阳光驱散笼罩在发审委身上的阴霾。

---

❶　关于注册制代替核准制后发审委是否必然会被撤销，学界有不同的看法，可参见蒋大兴："隐退中的权力型证监会——注册制改革与证券监管权之重整"，载《法学评论》2014 年第 2 期。

下篇　以证券交易所为代表的
自律机构证券监管权：
困境、规范、发展

我国证券交易所监管权若干问题研究

——以对上市公司的监管为例

一、引　言

证券交易所作为证券市场"一线监管者"，其对会员、上市公司等被监管对象的监管之及时性和灵活性之优势向来为业界所认同，2005 年修订的《证券法》更是赋予证券交易所更多的监管权限，以发挥其固有优势并加强其监管的有效性。然而，证券交易所在对被监管对象的日常监管中，却越来越多地出现了监管过度的现象，笔者在对上市公司进行访谈过程中了解到的以下两个案例即具有一定的代表性。

【案例一】2008 年 2 月，某上市公司累计持股 3% 以上的两股东向该公司董事会提交三项股东大会临时提案，要求董事会提交股东大会审议。公司董事会经过审查后认为：该两股东具有提交临时提案的资格，提交临时提案的程序合法，但对该三项提案是否符合法律法规及公司章程的规定，公司董事会内部存在不同的意见。为此，公司与公司上市的证券交易所进行沟通。交易所发审监管部为此向公司董事会出具了《监管关注函》，对上述临时提案有关事宜表示高度关注，并从完整性、合法性方面表达了其对该三项提案的否定性意见，同时鉴于其注意到上述三项临时提案已公布在互联网站上，因而在该关注函中交易所还要求两名提案股东分别对上述临时提案内容的保密情况进行自查，说明临时提案的决策过程、保密措施、全部知情人名单和此期间买卖上市公司股票等情况，并将有关书面材料在 3 日内报送交易所发审监管部。该《监管关注函》同时抄送该两提案股东。该两提案股东从上市公司处取得《监管关注函》后向上市公司表示：该《监管关注函》并非向提案股东出具，故将不予理睬。交易所从上市公司得到该信息后，又立即以该两股东为主送人出具了《监管关注函》，但提案股东仍然对其要求不予理睬，最后该事情不了了之。

【案例二】2008 年 4 月，某上市公司累计持股 3% 以上的股东向该公司董事会提交"以公积金向全体股东每 10 股转增 10 股"的临时提案，要求董事会提交即将召开的年度股东大会审议。公司董事会经过审查后认为：该 45 位股东具有提交临时提案的资格，提交临时提案的程序合法，提案内容符合法律法规及公司章程的规定，故决定提交股东大会审议。但该公司将该提案提交给交易所审查时，交易所认为：由于此前董事会已向年度股东大会提交公司年度利润分配的议案（用未分配利润派现）；该临时提案与该议案存在相互替代关系，因此要求公司董事会在披露该临时提案时必须写明参加年度股东大会表决的股东不能同时同意董事会提出的利润分配议案和上述临时提案。交易所的意见反馈给公司，公司紧急召开董事会讨论上述事宜，并咨询了有关专业机构的意见，最后董事会成员一致认为该两议案不存在替代关系，故不应限制股东的表决权。董事会将上述意见反馈给交易所后，交易所仍然坚持自己的意见并表示如不修改则不同意公告该提案。最后在众多提案股东的质疑下，交易所方同意公告。

上述两个案例引发笔者思考如下几个问题：证券交易所监管权来源于何处？证券交易所在进行日常监管的过程中，其监管对象的范围有多大？证券交易所对日常监管的方式应如何选择？其监管的"度"应如何把握？下文笔者将以证券交易所对上市公司的监管为例，对上述问题进行探析。

二、证券交易所上市公司监管权的来源

面对证券交易所行使的形形色色的监管权，我们不禁要问：这些监管权来源于何处，其来源是否合法？只有弄清这一问题，才能正本清源，从源头上规范交易所的监管权，交易所的监管权才能获得正当性，相应地监管权也才能有效地行使。

有学者将我国证券交易所监管上市公司的权力来源归结为法律法规规定、政府监管部门授权及平等协商机制三种，[1] 笔者认为这一结论及其论证过程较为粗糙。笔者认为，证券交易所对上市公司的监管权应仅有三个来源：（1）法律、行政法规及中国证监会的授权立法中的明确规定；（2）有权机构的委托；（3）与上市公司达成的协议。

（一）证券交易所监管权的来源之一——法律、行政法规以及中国证监会的授权立法中的明确规定

尽管有脍炙人口的"梧桐树协定"发展而来的纽约交易所等证

---

[1] 叶林等："证券交易所监管上市公司法律问题研究"，载《深圳证券交易所第一期法律研究成果》，http：//www. szse. cn/UpFiles/Attach/1903/2005/04/28/1405081875. doc.

券交易所自发产生和发展的典范，但我国的沪、深两家证券交易所却是在政府的主导下建立和发展起来的，因此，我国的证券交易所之监管权最重要的来源就相应地不是市场参与各方的协议，而是国家和公权机关的意志，这种意志有时候体现为立法，有时候体现为委托。委托将在下文论述，这里只探讨立法这一形式。笔者认为，并不是任何位阶的"法"都可以赋予证券交易所监管权。在我国目前的法制框架下，只有全国人大及其常委会制定的法律、国务院制定的行政法规以及法律和行政法规规定中国证监会有权制定的相关规则才能赋予证券交易所监管权。理由如下。

（1）尽管对上市公司的良好监管有助于证券交易所自身的发展，因而从证券交易所的角度看监管上市公司应是一种自利的行为，但从国家对社会经济的管理角度看，对上市公司的监管是一种公共职能，这主要是因为上市公司牵涉到不特定的数量众多的投资者的利益。正如墨菲法官（Murphy J）在福布斯诉新南威尔士骑马俱乐部有限公司一案中提出的："当权利扩张到如此地步，以至于行使它们的后果对公众的影响到了显著的程度，它们就应该被认定为公权利，并且它们的实现应该被认定为行使公权力"。❶ 由于证券交易所在监管上市公司方面的灵活性、及时性等独特优势，因而国家将对上市公司监管的部分公共职能授予交易所行使，就是一种理性的选择。然而，任何国家意志的体现，尤其是公共职能范围的确定及其行使，都必须有直接或间接的民主正当性，因为公共职能范围的确定及其行使都将直接关系到私权的受限程度。

---

❶ Forbes v："*New South Wales Trotting Club Ltd.*，（1978 – 9）*143 CLR 242*"，转引自［新西兰］迈克尔·塔格特（Michael Taggart）著，金自宁译：《行政法的范围》，中国人民大学出版社 2006 年版，第 14 页。

（2）在我国，宪法和法律的制定机关有着广泛和直接的民意基础，故宪法和法律在界定公共职能范围及其行使方面的正当性无可置疑，但宪法是规定国家基本制度的根本大法，它不可能明确授予证券交易所上市公司监管权，因而宪法也就不可能成为交易所上市公司监管权的来源。而根据《中华人民共和国立法法》第 56 条的规定，国务院制定的行政法规除了可以就为执行法律的规定需要制定行政法规的事项作出规定外，还可以就《中华人民共和国宪法》第 89 条规定的国务院行政管理职权的事项作出规定，而《宪法》第 89 条第（六）项规定领导和管理经济工作属于国务院的职权，显而易见，监管上市公司属于管理经济工作的范畴，因此行政法规可以就如何配置上市公司监管权进行规定，如其将对上市公司的部分监管权配置给证券交易所时，行政法规即成为交易所上市公司监管权的来源。至于国务院发布的决定、命令等规范性文件，则不能成为交易所上市公司监管权的来源，因为根据《宪法》第 89 条第（一）项的规定，国务院发布决定、命令必须依据宪法和法律进行，而《立法法》又未规定国务院发布的决定、命令可以与行政法规一样享有创设性立法的权力。因此，除非宪法和法律有规定，否则国务院发布的决定、命令不能授予交易所上市公司监管权，但如果《宪法》和法律有规定的话，交易所上市公司监管权的来源就应该是《宪法》或法律而不是国务院发布的决定、命令了，故国务院发布的决定、命令不能成为交易所上市公司监管权的法源。

（3）由于我国实行的是全国统一集中的证券监管体制，且证券交易所服务和监管的对象是分布在全国各地的公司，因此地方性法规和地方政府规章显然不能成为证券交易所监管权的来源。那么，国务院的部门规章可否赋予证券交易所监管权？根据《立法法》第

71 条的规定，部门规章规定的事项应当属于执行法律或者国务院的行政法规、决定、命令的事项，也就是说，部门规章只能是执行性的而不能是创设性的，因此，如果法律或者国务院的行政法规、决定、命令没有规定交易所有监管上市公司的某一权力，部门规章当然也就无权就此作出规定（除非是有规章制定权的机关委托交易所以其名义行使其权力，但这并非是本部分要阐述的内容）。

（4）中国证监会虽然是国务院的证券监督管理机构，但由于其是国务院直属的事业单位，不属于《宪法》和《立法法》中规定的具备行政立法权的机构，因而中国证监会没有固有立法权。但是，如果法律和行政法规明确授予中国证监会制定相关规则的权力，则其便可以行使授权立法权。在这些授权立法中，如果交易所被授予了监管上市公司的权力，则这些授权立法便成了交易所上市公司监管权的来源。

（二）证券交易所监管权的来源之二——监管机构的委托

在某些情况下，监管机构受条件所限，不能直接行使监管权或委托他人行使监管权更为合适，这就产生了行政委托的需要。但是行政委托毕竟动摇了"职权法定原则"，而且存在行政主体向"私法逃遁"、通过私法形式规避公法控制的危险，❶ 因此有必要对其予以限制。目前我国没有一部法律对行政机关何时可以进行委托、何种权限可以进行委托、委托的对象、方式和后果作出统一的规定，有关行政委托的规定主要散见于《行政许可法》《行政处罚法》《行政强制法》和《行政诉讼法》。

《行政许可法》第 24 条规定："行政机关在其法定职权范围内，

---

❶ 应松年：《当代中国行政法》，中国方正出版社 2004 年版，第 405 页。

依照法律、法规、规章的规定，可以委托其他行政机关实施行政许可。委托机关应当将受委托行政机关和受委托实施行政许可的内容予以公告。委托行政机关对受委托行政机关实施行政许可的行为应当负责监督，并对该行为的后果承担法律责任。受委托行政机关在委托范围内，以委托行政机关名义实施行政许可；不得再委托其他组织或者个人实施行政许可。"第 23 条规定："法律、法规授权的具有管理公共事务职能的组织，在法定授权范围内，以自己的名义实施行政许可。被授权的组织适用本法有关行政机关的规定。"

《行政处罚法》第 18 条规定："行政机关依照法律、法规或者规章的规定，可以在其法定权限内委托符合本法第十九条规定条件的组织实施行政处罚。行政机关不得委托其他组织或者个人实施行政处罚。委托行政机关对受委托的组织实施行政处罚的行为应当负责监督，并对该行为的后果承担法律责任。受委托组织在委托范围内，以委托行政机关名义实施行政处罚；不得再委托其他任何组织或者个人实施行政处罚。"第 19 条规定："受委托组织必须符合以下条件：（一）依法成立的管理公共事务的事业组织；（二）具有熟悉有关法律、法规、规章和业务的工作人员；（三）对违法行为需要进行技术检查或者技术鉴定的，应当有条件组织进行相应的技术检查或者技术鉴定。"第 17 条规定："法律、法规授权的具有管理公共事务职能的组织可以在法定授权范围内实施行政处罚。"但《行政处罚法》并未规定法律、法规授权的具有管理公共事务职能的组织可以委托他人实施行政处罚。

《行政强制法》第 17 条规定："行政强制措施由法律、法规规定的行政机关在法定职权范围内实施。行政强制措施权不得委托。"第 70 条规定："法律、行政法规授权的具有管理公共事务职能的组织在法定授权范围内，以自己的名义实施行政强制，适用本法有关行政机关的规定。"

《行政诉讼法》第 25 条第 4 款规定："由法律、法规授权的组织所作的具体行政行为，该组织是被告。由行政机关委托的组织所作的具体行政行为，委托的行政机关是被告。"

综上法律规定，行政机关和法律、法规授权的具有管理公共事务职能的组织均可在其法定职权范围内委托其他行政机关或法律、法规授权的具有管理公共事务职能的组织实施行政许可，但委托必须以法律、法规、规章为依据；行政机关依照法律、法规或者规章的规定，可以在其法定权限内委托符合规定条件的组织实施行政处罚，但法律、法规授权的具有管理公共事务职能的组织不能委托他人实施行政处罚；法律法规规定的行政机关在法定职权范围内以及法律、行政法规授权的具有管理公共事务职能的组织在法定授权范围内实施行政强制措施，行政强制措施不能委托；受委托的组织应以委托人的名义作出具体行政行为，该具体行政行为带来的后果由委托人承担。

虽然对我国沪深两大证券交易所的性质向来争议颇多，❶ 但从形式上看，沪深交易所目前是事业单位法人，因此符合《行政许可法》和《行政处罚法》规定的关于行政许可和行政处罚权受托人的条件，可以行使行政机关或法律法规授权的组织根据法律、法规、规章的规定委托的行政许可职能以及行政机关委托的行政处罚职能。但值得注意的是，由于中国证监会是一个法律法规授权的组织而非

---

❶ 笔者认为与此相关的研究中较出色者属方流芳教授在《证券交易所的法律地位——反思"与国际惯例接轨"》一文中的研究，详见方流芳："证券交易所的法律地位——反思'与国际惯例接轨'"，载《政法论坛》2007 年第 1 期，第 63 ~ 78 页。

行政机关，因此其无权将其拥有的行政处罚权委托给证券交易所行使。另外，值得考虑的是，行政许可和行政处罚以外的其他职权是否可以委托给证券交易所行使？笔者认为，虽然我国法律目前尚未对此作出规定，但应可参照行政许可和行政处罚权委托的相关规定。证券交易所接受委托行使有关职权的，应以委托人的名义行使有关职权，且行使该等职权带来的后果由委托人承担。

（三）证券交易所监管权的来源之三——与上市公司达成的协议

虽然法律和行政法规赋予了证券交易所监管上市公司的权力，但这些赋权毕竟是原则性的、有限的，远远无法满足证券交易所对上市公司监管的要求，例如《证券法》第115条第2款规定："证券交易所应当对上市公司及相关信息披露义务人披露信息进行监督，督促其依法及时、准确地披露信息。"但信息披露的具体要素是什么，如何确保"及时"，这些都需要有进一步的规定。此外，对于法律和行政法规没有赋予证券交易所的权力，但证券交易所为了更好地维护公众投资者的利益、提高自身的品牌价值，也有以更高的标准来监管上市公司的需求。因此，任何一家要在沪深证券交易所上市的公司，都须与交易所签订上市协议，上市协议均会要求上市公司遵守证券交易所现行和不时修订的上市规则等业务规则，并要求拟上市公司的董事、监事和高级管理人员出具承诺遵守上述规则，而在上市规则等规则中，证券交易所对上市公司的监管权的约定则较为细致，且监管的措施和处分措施也相对比较灵活多样，这些都是法律和行政法规赋权难以比拟的。

三、我国证券交易所的监管对象

在厘清证券交易所上市公司监管权力的来源后，笔者紧接着要探究第二个问题：我国证券交易所在监管上市公司的过程中，其可能会涉及的监管对象范围有多大？公众投资者是否属于其监管对象？带着这些问题，笔者查阅了《公司法》《证券法》等相关的法律和行政法规，中国证监会根据这些法律和行政法规的明确授权而制定的规范性文件以及沪深两大交易所的股票上市规则。根据这些法律、行政法规、规范性文件和规则，我国证券交易所在监管上市公司的过程中，其可能会涉及的监管对象范围有：（1）上市公司；（2）上市公司董事、监事、高级管理人员、证券事务代表；（3）控股股东；（4）实际控制人；（5）持有公司5%以上股份的股东；（6）收购人；（7）保荐人及其保荐代表人；（8）证券服务机构及其相关人员。由此可见，持股5%以下的公众投资者在一般情况下并不属于证券交易所的监管对象，公众投资者只有在拟收购上市公司时，才会成为证券交易所监管的对象（内幕交易的调查和处理并不属于证券交易所的权力）。从境外主要证券交易所的规定来看，交易所的监管的对象也并不包括公众投资者，如纽约证券交易所。

由此可见，在本篇开始的案例一中，交易所向并不属于监管对象的提案股东发出《监管关注函》，显然没有法律依据，而如果交易所是接受中国证监会的委托去调查是否有内幕交易的情况，其也应该是以中国证监会的名义而非以交易所自身的名义出具相关函件。

此外，值得一提的是，由于《公司法》《证券法》等相关的法律和行政法规以及中国证监会根据这些法律和行政法规的明确授权而制定的规范性文件并未明确证券交易所对证券服务机构及其相关人员享有监管权，因此除非证券交易所与该等机构和人员事先签订有关协议，否则该等机构和人员并无遵守证券交易所单方面制定的股票上市规则及其他规则中规定的相关义务，证券交易所也无权对其该等机构和人员采取监管措施。

四、证券交易所对上市公司监管的方式

信息披露监管是法律赋予证券交易所的对上市公司监管的最主要职责。《证券法》第 115 条第 2 款规定："证券交易所应当对上市公司及相关信息披露义务人披露信息进行监督，督促其依法及时、准确地披露信息。"目前，我国证券交易所对上市公司的信息披露监管大体可分为事前监管、事中监管和事后监管。事前监管的方式主要是发布一系列指导上市公司披露信息的规则、对上市公司的定期报告进行事前登记、对上市公司的临时报告依不同情况实行事前审核或者事前登记；事中监管主要是当公共传媒传播的消息可能或已经对上市公司的股票及其衍生品种交易价格产生较大影响时或上市公司股票交易出现异常波动时，证券交易所将要求上市公司就有关情况进行说明、发布公告；事后监管则主要是对定期报告进行事后审核、根据不同情况对某些临时报告实行事后审核、督促未按照要求披露信息的上市公司采取补救措施或对其进行纪律处分。

沪深交易所在其股票上市规则中均规定，交易所对上市公司披露的信息仅进行形式审核，对其内容的真实性不承担责任。但形式审核是什么意思，却不甚明了，是指仅对披露的信息之文字是否有误及披露的格式和内容完整性是否符合有关规定进行审核，还是除

了信息内容真实性以外，对信息的合法性、完整性和准确性都要进行审核？根据"对其内容的真实性不承担责任"的表述，似乎形式审核指的是后者。而实践中，沪深交易所确实是除了不验证所提交的相关文件的真实性以外，对将披露的信息都要进行全面的审核。不可否认，这种监管方式在证券法制极其不健全、有关信息披露义务人及公众投资者的素质和风险意识不强的证券市场发展初期，确实在提高上市公司信息披露的质量从而保护公众投资者的利益方面起到了较大的作用。但随着中国证券市场的发展，中国的证券法制逐渐健全，有关信息披露义务人及公众投资者的素质和风险意识也得到了较大的提高，在这一背景下，这种监管方式的弊端便日益突显，主要体现在以下几个方面。

（1）这种监管方式极易导致交易所对上市公司监管过度，影响上市公司的正常运营。2011 年之前，由于除了定期报告外，几乎所有的临时公告都需要交易所进行事前审核，未经其审核满意便无法通过法定的新闻媒介发布信息。2011 年后，深圳证券交易所和上海证券交易所虽然相继开始试行、实行信息披露直通车业务❶，但其实施对象和范围仍有一定的限制，例如根据 2014 年修订的《深圳证券交易所上市公司信息披露直通车业务指引》，采用直通披露的上市公司不包括上一年度信息披露考核为 D 的上市公司，又如根据 2013 年颁布的《上海证券交易所上市公司信息披露直通车业务指引》和《上海证券交易所信息披露公告类别索引》，仍然有约 1/3 的公告事项不在可以实行直通车的公告范围之内，主要涉及股东或监事会自行召集股东大会、利润分配和资本公积金转增股本、股票交易异常

---

❶ 直通车业务是指上市公司对外披露的信息公告通过证券交易所技术平台直接提交给指定披露媒体，证券交易所进行事后审核的信息披露方式。

波动和澄清、股本变动、停复牌提示性公告、重大资产重组、征集委托投票权、暂停、恢复和终止上市、破产与重整、公司债、可转债、回购股份、吸收合并、再融资、股权变动、风险警示等。更为重要的是，根据沪深证券交易所的相关规则，沪深证券交易所有权对直通车公告的范围和适用直通车业务的信息披露主体随时予以调整。因此，交易所拥有的这一权力如被不当行使，极易蜕变成对上市公司的粗暴干涉，甚至可以令一家上市公司无法正常运营，例如因为无法发布或延迟发布召开股东大会的通知而导致公司的重大经营决策无法作出或因决策延误而丧失商机。据笔者了解，交易所指派的一些上市公司专管员在对待"不听话"的上市公司时，就时不时以"是不是不想上市了"之类的话语相威胁。而在本篇开始的【案例二】中，在某上市公司董事会再次审核并咨询有关专业机构意见的情况下，交易所仍然不同意其公告有关提案，此时其监管已丧失了正当性。虽然从理论上讲，上市公司有权就其不当监管提起诉讼或仲裁，但交易所的垄断地位和上市资源的缺乏使得这种可能性微乎其微，这反过来又强化了交易所监管权力不当行使的可能性。

（2）交易所对上市公司即将披露的信息进行事前审核还容易导致交易所卷入与上市公司中小股东之间的诉讼。由于我国 2005 年新修订的《公司法》设计了许多保障中小股东利益的条款和制度，如累计持有 3% 以上股份股东的提案权、累计持有 10% 以上股份股东提议及自行召开股东大会的权利等，因此上市公司中小股东不再是沉默的群体，其主动提出提案、提议召开股东大会或在上市公司董事会、监事会不接受其提议召开股东大会的情况下自行召开股东大会的可能性大大增加，此时交易所审核的信息就不是上市公司董事会提交的信息而是股东提交的信息。在这种情况下，如果交易所对股东提交的信息（无论是否经过董事会审核）进行除真实性以外的全面审核的话，就极有可能因为提案或提议股东无法在规定的时间内满足交易所的修改要求而导致其提交的信息无法披露，原因主要有二：①小股东的提案或提议往往是众多小股东的联合提案或提议（因为要满足一定比例的股份要求），故如要修改提案或提议的话就必须要这些联合股东重新签署提案或提议，这样一来程序相当烦琐而且还可能因为无法再联系其中一些小股东或无法取得其同意而导致提案或提议流产。②目前《公司法》没有给交易所预留审核股东临时提案的合理时间。《公司法》第 103 条第 2 款规定："单独或者合计持有公司百分之三以上股份的股东，可以在股东大会召开十日前提出临时提案并书面提交董事会；董事会应当在收到提案后二日内通知其他股东，并将该临时提案提交股东大会审议。"也就是说，交易所审核及提案股东根据交易所审核意见进行修改的时间最多为2 日，而在实践中，公司董事会秘书在收到中小股东的临时提案后，往往还要征求公司董事的意见，这就使得这一期间更短。而如果提案或提议股东无法在规定的时间内满足交易所的修改要求而导致其提交的信息无法披露的话，其就会对交易所不满，甚至会起诉交易所。虽然笔者目前尚未见到中小股东因此而起诉交易所的案例❶，但由于股东并非与交易所签订上市协议或作出承诺的一方当事人，也非上市主体，因此其在起诉交易所时并不会有与上市公司同样的顾虑，而根据《最高人民法院关于对与证券交易所监管职能相关的诉讼案件管辖与受理问题的规定》，这一类型的诉讼应属于法院可以管

---

❶ 但已有小股东以其他理由起诉交易所的案例，如攀枝花新钢钒股份有限公司一位股东以公司权证延迟上市起诉深圳证券交易所；云南驰宏锌锗股份有限公司一小股东以公司股改停牌时间过长，交易所对此监管失职和不作为而导致其丧失投资获利时机为由起诉上海证券交易所。

辖的范围，因此，事前审核上市公司即将披露的信息这一方式在现行法律体系下极易导致交易所遭遇中小股东的起诉。

（3）事前审核方式还容易导致上市公司对交易所的依赖，不利于上市公司提高其自身的信息披露质量。由于还有交易所这一道关卡，因此有些上市公司的董事会秘书等信息披露事务的负责人员和经办人员会对交易所的审核产生依赖，不注重自身对相关法律法规和规则的学习，抱着有事便问交易所或有问题还有交易所把关的心态，不注重提高所披露的信息之格式和内容的质量，这样便容易埋下上市公司违反信息披露义务的伏笔。

（4）交易所的监管人员并不具备对信息披露事项进行全面审核的能力。由于证券法律体系甚为庞大，上市公司披露的信息中还会涉及财务、经济、经营等各方面的知识，因此，即使是高素质、富有经验的审核人员，也不可能具备对信息的合法性、完整性和准确性进行审核的能力。既然如此，交易所又何必自负地担当这一重任？

也许正是由于上述的原因，除特别的事项外，世界上主要证券交易所都不会对上市公司的信息披露采取事前审核的方式，从而也避免了对不合法或不当的信息披露承担责任。如《香港联合交易所有限公司证券上市规则》中就明确，为登载于该交易所网站上而呈交予该交易所的文件，如其内容或格式有任何问题，该交易所概不负责，而除非该规则有特别的规定，否则香港联合交易所也不对要披露的文件进行事前审核。当然，这种监管方式和上述交易所所在地国家或地区强大的投资者保护制度和市场力量是相匹配的。然而，我国虽然在投资者保护制度和市场力量的强大性方面仍然无法与之比拟，但已获得长足的进步，且目前交易所对上市公司信息披露进行监管的方式已越来越显出其弊端，故对其进行改革的呼吁已非无病呻吟。此外，取消交易所事前监管而可能带来的信息披露质量不高的问题其实完全可以通过其他制度的完善予以解决，例如对股东提出的无用的、干扰公司经营的或披露要素不全的垃圾提案，可以通过对提案的内容再加以限制的方式，如通过法律或章程细化提案所必须包括的内容，同时参照《日本公司法》的规定对实质上同一的提案在股东大会上未得到全体股东表决权的 1/10 以上赞成的，从该日起一定期间内提案股东不可行使提案权。❶

总之，笔者认为，我国证券交易所对上市公司的信息披露监管方式的改革方向应是逐渐取消对上市公司拟披露信息的事前审核，加强事前监管中的制定上市公司披露信息规则的功能，同时加强事中监管和事后监管。

五、结　　语

"一切有权力的人都容易走向滥用权力，这是一条千古不变的经验，有权力的人直到把权用到极限方可休止。"❷ 证券交易所虽然并非国家机关，但其却握有监管上市公司的权力，自然也容易走向滥用权力。因此，在当前我国业界赋予证券交易所更强有力的监管权力的声音高涨时，我们应谨记对证券交易所已有和将有的权力绑上一条防止其张牙舞爪的绳索。

---

❶　伍坚："股东提案权制度若干问题研究"，载《证券市场导报》2008 年第 5 期，第 63 ~ 75 页。

❷　［法］孟德斯鸠著，孙立坚等译：《论法的精神（上册）》，陕西人民出版社 2001 年版，第 183 页。

我国证券交易所纪律处分机制研究

一、引　　言

近年来，由于监察系统和技术的进步，我国证券交易所的监管能力如虎添翼。以上海证券交易所为例，2001～2007年，上海证券交易所报警次数增加2 356%，异常交易调查数增加60%，配合监管部门完成的调查数增加37%，提请证监会立案调查数增加360%，营业部电话提醒数增加306%，停牌处理数也增加536%以上。❶同时，我国参与证券投资的人数呈逐年上升趋势，截至2014年6月，投资者开设的有效证券账户总数已达13 505.42万户，❷参与证券投资人数的增多意味着受证券交易所监管的人群越来越庞大，同时也就意味着受证券交易所处分的潜在人群范围扩大。2013年，上海证券交易所对3家公司和15名个人予以公开谴责，对19家公司和81名个人予以通报批评，对3名个人公开认定一段时间内不适合担任董事、监事和高管人员，全年共计对183个监管对象采取了监

---

❶　"上海证券交易所市场监察质量报告（2008）"，载 http：//www.sse.com.cn/ps/zhs/jg/jgdt/jg_ jgdt_ 20081202a. pdf.

❷　中国证监会网站，http：//www.csrc.gov.cn/pub/zjhpublic/G00306204/zqscyb/201009/t20100927_ 185003. htm.

管措施;● 深圳证券交易所作出 65 份纪律处分决定,涉及上市公司 59 家次以及有关责任人员 261 人次,被公开谴责的公司 6 家,被公开谴责的人员 63 人,被通报批评的公司 27 家次,被通报批评的人员 198 人。❷ 在此背景下,我国证券交易所的纪律处分机制是否能够在既确保证券交易所监管力的同时也能保障受处分人受到公正的对待,就是值得关注的。然而,就笔者所知,目前无论是业界还是学界,对该问题予以关注的可谓凤毛麟角,❸ 故本部分的写作意图即在比较的视角下对我国证券交易所的纪律处分机制予以初步分析,以引起业界与学界对该问题的关注。

二、证券交易所可施予纪律处分的对象

证券交易所可施予纪律处分的对象与证券交易所监管权限的大小密切相关,如果证券交易所监管权限大,则证券交易所可施予纪律处分的对象范围就广,反之则窄。

在美国,由于 1934 年证券交易法赋予了证券交易所相当广泛的监管权力,因此美国纽约证券交易所(NYSE)规则也相应地规定了极为广泛的施予纪律处分的对象,包括会员、会员组织、联盟会员、

---

❶ "上海证券交易所 2013 年度自律监管工作报告",载上海证券建议所网站,ht-tp∶//www.sse.com.cn/aboutus/regulatory/action/whitepaper/c/c_ 20140318_ 3777147. pdf.

❷ "深圳证券交易所 2013 年度自律监管工作报告",载证券时报网站,http∶//epa-per. stcn. com/paper/zqsb/page/1/2014–01/13/A008/20140113A008_ pdf. pdf.

❸ 在笔者的阅读范围内,对证券交易所的纪律处分机制有较为全面的介绍的仅有深圳证券交易所综合研究所何基报于 2003 年 9 月在《证券市场导报》上发表的《证券交易所交易监管的权责和纪律处分程序》一文以及徐明、吴伟央在《证券法苑》2010 年第三卷上发表的《论证券交易所自律管理正当程序的有限性》,但两文也仅仅是对其他国家和地区的纪律处分机制进行介绍,并未对我国证券交易所的纪律处分机制予以分析。

被许可的人、注册或非注册的会员或会员组织的雇员以及其他需服从交易所监管权的人。❶

在澳大利亚，澳大利亚证券交易所（ASX）没有被授予监管市场参与者或上市实体遵守法律的责任，ASX 的权力是基于合同，是基于有关公司同意遵守其上市规则、市场规则、结算规则（以下统称"运作规则"）的约定，且 ASX 可以采取处分行为的对象仅限于经纪人或经纪公司，ASX 对上市公司的监管权仅限于确保它们是否遵守上市规则，其可采取的措施仅仅是询问公司及在适当的时候采取一些强制措施。❷

在我国香港特别行政区，根据香港联交所规则和香港联交所主板与创业板上市规则的相关规定，香港联交所的处分对象包括两大类：（1）交易所参与者（指根据可在香港联交所或透过香港联交所进行买卖及其姓名或名称已获登录在由香港联交所保管的、以记录可在香港联交所或透过香港联交所进行买卖的人的列表、登记册或名册内）及交易所参与者的负责人员、董事、授权人士、职员、雇员、代理人、代表及代表人士、庄家、证券庄家、结构性产品对冲参与者及/或结构性产品流通量提供者（视属何种情况而定）。（2）上市发行人及其任何附属公司，上市发行人的任何主要股东、任何高持股量股东（创业板独有），出任上市发行人合资格会计师的人士（创业板独有），于有担保的债务证券发行时发行人的担保

---

❶ "NYSE Rules"，see http：//nyserules. nyse. com/nyse/rules/。在本部分中，除非另有说明，否则关于纽约证券交易所的有关规定均来源于纽约证券交易所网站公布的纽约证券交易所规则。

❷ 在本部分中，除非另有说明，否则关于澳大利亚证券交易所的有关规定均来源于该交易所网站上公布的有关其监管职能的介绍，见 http：//www. asx. com. au/supervision/ASX's.

人（创业板独有），上市发行人的任何独立财务顾问，上市发行人及其任何附属公司的任何董事或任何替代董事、高层管理阶层的任何人员、任何专业顾问、任何授权代表，中国发行人的监事会。❶

三、证券交易所可施予纪律处分的情形

证券交易所可施予纪律处分的情形也与证券交易所监管权限有着紧密的正相关关系。

根据纽约证券交易所规则的有关规定，发生下列情形的，纽约证券交易所有权给予纪律处分：（1）违反 1934 年《美国证券交易法》的任何条款或依据该法制定的任何规则和规章。（2）违反与交易所之间的任何协议。（3）违反任何已为交易所董事会所采用的交易所规则的任何规定。（4）向交易所做了重大虚假陈述。（5）欺骗或欺诈行为。（6）有违交易公平公正原则的行为或行动。（7）有损于交易所利益的行为。（8）虚假叫买、叫卖或交易，或发出一个并不会引致实际受益人变化的买或卖的指令或在明知这一指令具有上述特征却仍然执行该指令。（9）为扰乱市场平衡或制造价格不能公正反映市场价值的环境而从事证券买卖行为或发出报价，或者在明知的情况下为该等买卖提供帮助，或在明知的情况下作为实现该目的的计划或安排的一方。（10）在会员资格申请、批准或任何财务说明、报告，或提交给交易所的其他文件中作出虚假陈述。（11）拒绝或未能根据交易所的要求向交易所或其他法定的自律组织、期货市

---

❶　在本部分中，除非另有说明，否则关于香港联交所的有关规定均来源于该交易所网站上公布的交易所规则、主板上市规则和创业板上市规则，见 http：//www. hkex. com. hk/eng/rulesreg/regulatory. htm.

场、注册期货协会提供账簿和记录。

澳大利亚证券交易所可施予纪律处分的情形仅限于违反 ASX 市场规则、澳大利亚结算与过户公司（ASX Settlement and Transfer Corporation，ASTC）结算规则和澳大利亚结算所（Australian Clearing House，ACH）结算规则的行为。

香港联交所可施予纪律处分的情形主要包括：（1）现正或曾经违反香港联交所规则，或不遵从或反对依照香港联交所规则或附带规则的任何权力的合法行使；或曾经庇护或协助或忽略向该交易所告发其所知悉的、曾违反香港联交所规则的任何交易所参与者，或与他们进行买卖。（2）现正或曾经违反作为香港联交所控制人的认可控制人不时指定的规则、规例、行为指引或程序。（3）现正或曾经违反《香港证券与期货条例》。（4）现正或曾经违反中央结算系统规则。（5）就有关交易所参与者在交易所交易的期权业务，现正或曾经违反期权交易规则或交易运作程序。（6）有关交易所参与者在交易所交易的期权业务，现正或曾经违反结算规则或结算运作程序。（7）就作为证券庄家，现正或曾经违反证券庄家规例。（8）就作为衍生权证流通量提供者，现正或曾经违反衍生权证流通量提供者规例。（9）违反主板或创业板上市规则的行为。

四、证券交易所纪律处分的种类

在各种纪律处分措施中，有一些处分措施是绝大多数的交易所都采用的。如世界交易所联合会于 2004 年对其成员交易所进行的调查结果显示：罚款、拒绝或暂停（Bars & Suspensions）是其成员交易所普遍采用的处分措施，❶但即便如此，纪律处分措施与各个国家或地区的经济发展程度、法律传统与现状、证券交易所系统的技术水平等个性特点仍然有着不可分割的联系，因此不同的交易所所采用的纪律处分措施相应呈现出多样化的特点。

纽约证券交易所纪律处分的种类包括：谴责、罚款、暂停一个组织的会员资格或被规制人员的注册资格（暂停期间可以是一个固定期间，也可以是根据特定行为的履行情况而决定的一个期间）、开除会员组织或取消会员组织的资格、撤销或取消被规制人员的注册、暂停或阻止会员组织或被规制人员成为组织的成员、向会员组织或被规制人员签发一个暂时或永久的禁止令、其他合适的处分。

澳大利亚证券交易所采取的纪律处分措施包括：谴责、罚款（最高为 25 万美元）、没收佣金或毛利润、延迟或终止（市场参与者的权利或市场准入资格）、教育或合规安排。

香港联交所可行使的纪律处分措施可以分为针对交易类违规行为的处分措施和针对上市类违规行为的处分措施。前者主要包括：（1）向交易所参与者发出取消资格通知，以取消其资格；（2）以书面要求交易所参与者放弃资格；（3）暂时吊销交易所参与者在该交易所的资格；（4）向交易所参与者征收罚款；（5）谴责交易所参与者，并指示应否及以何种方式公布该谴责；（6）在一定期间内暂停或撤销交易所参与者的负责人员的注册；（7）暂时吊销期权交易者所参与者的期权交易所参与者资格；（8）在一定期间内暂停、收回或撤回期权买卖交易所参与者联通期权交易系统及/或期权结算系统

---

❶　World Federation of Exchanges （WFE）：*Regulation of Markets Survey 2004*，pp. 8 ~ 11，see http：//www. world – exchanges. org/reports/studies – and – surveys/survey – regulation – markets – 2004.

的权利；（9）暂停、收回或撤销庄家执照或证券庄家执照（视属何种情况而定）；（10）在一定期间内暂停联交所期权结算所参与者的联交所期权结算所资格；（11）暂停、收回或撤销联交所期权结算所参与者联通期权系统的权利；（12）在一定期间内禁制该交易所参与者获委聘为或担任结构性产品流通量提供者；（13）在一定期间内禁止该交易所参与者获委聘为或担任结构性产品对冲参与者；（14）在一定期间内暂停、收回或撤销证券庄家及/或结构性产品流通量提供者经庄家专用开放式网间连接器及/或庄家专用自动对盘终端机登入系统的权利；（15）按董事会酌情认为适宜的该等条款及期间暂停、撤回或撤销交易所参与者与系统的联通；（16）按董事会酌情认为适宜的该等条款及期间限制交易所参与者在交易所内或透过交易所进行的买卖活动，包括但不限于买卖期权的业务。

香港联交所针对上市类违规行为的处分措施主要包括：（1）停牌；（2）除牌；（3）发出私下谴责；（4）发出载有批评的公开声明；（5）作出公开指责；（6）向监察委员会或另一监管机构或海外的监管机构申报违反规则的行为；（7）禁止专业顾问或由专业顾问聘请的个别人士、在指定期间就上市科（或创业板上市科）或上市委员会（或创业板上市委员会）规定的事宜代表某指定一方；（8）要求在指定期间内修正违反规则的事宜或采取其他补救行为；（9）如上市公司的董事故意或持续不履行其根据上市规则应尽的职责，交易所可以公开声明认为该董事继续留任将会损害投资者的利益；（10）如董事在交易所发表声明后仍留任，交易所可停牌或取消其上市地位；（11）如上市公司故意或持续不履行其根据上市规则应尽的职责，交易所可以指令在指定期间内禁止该发行人使用市场设施，并禁止证券商及财务顾问代表该发行人行事；（12）酌情采取或不采取其他行动。

五、纪律处分的机构与程序

2010 年 6 月 14 日，纽约交易所与美国金融业监管局（Financial Industry Regulatory Authority，FINRA）宣布，之前双方达成的关于纽约泛欧交易所目前拥有的市场监管和执法功能转由 FINRA 承担的协议即时生效。根据协议，FINRA 将承担纽约证券交易所的股票和期权市场监管职能。据此，在 2010 年 6 月之前由纽约证券交易所监管公司的执法部负责调查和起诉的违反纽约交易所、NYSE MKT，and NYSE Arca 规则和相关联邦法律的行为，2010 年 6 月后由 FINRA 代表纽约证券交易所进行。FINRA 是于 2007 年 7 月 30 日成立的美国最大的一个非政府规制组织，其是在综合 NASD（National Association of Securities Dealers）原有的所有职能（包括 NASDAQ、美国证券交易所 [the American Stock Exchange]、国际证券交易所 [the International Securities Exchange] 和芝加哥气候交易所 [Chicago Climate Exchange] 的市场监管职能）以及纽约证券交易所的会员监管、执法和仲裁职能的基础上建立的。该项合并于 2006 年 11 月 28 日宣布并于 2007 年 7 月 26 日取得 SEC 的批准，于 2007 年 7 月 30 日正式生效。因此，2010 年 6 月以后，纽约泛欧证券交易所的市场监管和执法以及会员监管、执法和仲裁职能均由 FINRA 代为行使，但根据两个机构之间的协议，纽约泛欧证券交易所通过其子公司纽约证券交易所监管公司，保留对 FINRA 的监管服务执行情况进行最终监督的权利。它还保留那些负责规则解释以及上市公司对遵守纽约证

券交易所财务和公司治理标准的情况进行监管的职员。❶

　　纽约证券交易所纪律处分的程序主要如下：对于涉嫌违规的行为，先由 FINRA 的执行部或市场监管部进行调查，如执行部或市场监管部认为应当进入纪律处分程序，则向听证官办公室提交投诉。听证官办公室接到投诉后，首席听证官将指派一名听证官主持纪律处分程序，之后首席听证官将任命听证小组成员，听证小组成员由一名听证官和两位成员构成，由听证官担任小组主席，所有听证小组成员包括听证官与调查的人员是分离的，他们不对调查负责，也不能参与是否进行调查或是否进入纪律处分程序的决策。听证官是 FINRA 的雇员律师，其他两位听证小组成员必须是听证委员会的成员（听证委员会由纽约证券交易所董事会主席在获得董事会同意的前提下不时任命，听证委员会由纽约交易所中非董事会成员、前任联盟成员、会员的注册雇员或非注册雇员中已从证券行业退休的人士组成），而且其中一位必须从事与被诉人不同证券活动的人。首席听证官将基于以下标准任命听证小组成员：（1）专业知识；（2）无利益冲突或偏见；（3）有时间保障；（4）最近两年作为听证小组成员参与听证的频率（首席听证官更倾向于从来没有或频率很少的人士）。听证小组作出决定后，须向被投诉人签发决定书，该决定书中须包括：（1）调查或引起纪律处分程序的其他缘由；（2）被投诉人违反的法律或规则的条文规定；（3）违法事实；（4）听证小组关于被投诉人是否违反相关法律和规则的结论；（5）在纪律处分程序中提出的主要问题的处理意见；（6）拟施加的处分及其原因以及该处分生效的时间。被投诉人可以由律师代表出席听证，但如果不亲自

---

　　❶ 美国金融业监管局网站，http：//www. finra. org/Newsroom/NewsReleases/2010/P121622 及 http：//www. finra. org/Newsroom/NewsReleases/2007/P036329.

参与听证也不派代表出席的，则视为承认对其的指控。对听证委员会裁决不服的，还可以向纽约证券交易董事会提请复审。纽约证券交易所的复审应限于听证小组形成的记录，且以多数赞成后可通过维持原听证小组的决定，或者修改、推翻听证小组的决定，也可以增加、减少、完全取消相关处分或施加任何其认为合适的在交易所规则中规定的处分。对董事会决定仍然不服的还可向美国 SEC 申请复议。交易所的纪律程序是不公开的，但最终形成的书面决议将予以公开。

2006 年 7 月 1 日，澳大利亚证券交易所将运作监管职能放入一个独立的子公司——交易所市场监管公司中。纪律裁决是该公司四大功能中的一大功能，纪律裁决庭是决定纪律处分的最重要机构。纪律裁决庭是根据 ASX 市场规则及 ASX 董事会授权而设立，虽然其是根据 ASX 市场规则设立，但其独立于交易所。纪律裁决庭负有对被指称违反 ASX 市场规则、ASTC 结算规则和 ACH 结算规则的行为进行裁决。纪律裁决庭的运作独立于 ASX 的经营管理层，并在 ASX 法律顾问的支持下工作。纪律裁决庭由 ASX 任命的相关行业的专家构成。纪律裁决庭的成员至少 10 人。纪律处分的具体程序如下：由调查部从合规部和监控部、审慎风险管理部和发行部获取需要调查的情事，在经过调查有证据证明参与者可能违反运作规则的情况下，有关事项将提交给 ASX 执行部，并由其确定是否提交给纪律裁决庭，由纪律裁决庭作出裁决，如不服还可向交易所的上诉庭作出裁决。如果发现参与者或其代表可能违反了公司法的规定，则应向澳大利亚证券与投资委员会（Australian Securities and Investments Commission，ASIC）通报，ASIC 则因此可能会启动进一步的调查程序。涉事的经纪人或经纪公司有权在纪律程序中获得就其被指称事项进行听证的权利。ASX 市场监管公司采取的调查和执行程序在调查和纪律处分庭的听证阶段是保密的，但处理决定将由纪律裁决庭以纪律处分通知的形式予以公布，同时张贴在 ASX 市场监管网站上。

香港联交所的纪律处分机构因交易类违规行为处分和上市类违规行为处分的不同而有别。实施交易类违规行为处分的最重要机构是纪律委员会，纪律委员会成员由董事会任命。交易类违规行为处分的具体程序又可分为标准处分程序和聆讯处理程序。

（1）标准处分程序：由监察科、纪律组或交易部（视具体情况而定）调查涉嫌触犯标准处分程序处理的违规事件；在触犯交易所规则某些条款时，由监察科、纪律组或交易部向该交易所参与者发出信函，告知其该部门或科已根据标准处分表就该违规事件作出指定的处分，或向其发出警告信，以警告其如再触犯同类违规事件，纪律组会根据标准处分表就该违规事件作出指定的处分。信函或警告信须清楚注明该交易所参与者如欲将事件交由纪律委员会以聆讯方式处理，可于信函或警告信中所定的时限内提出要求。如交易所参与者要求将事件提交纪律委员会，纪律组须将事件交由监察科根据聆讯处理的违规事件程序处理，以便纪律委员会其后进行聆讯。

（2）聆讯处理程序：有关科、部门或联交所期权结算所（视具体情况而定）须就怀疑违规的事件进行初步调查及向监察科报告该调查结果。如有需要，监察科可就所有向其提交的个案作进一步的调查及就怀疑的违规事件进行调查。如认为有关事件的表面证据成立，监察科可向纪律委员会秘书提供事实陈述书包括指控的详情，以提出纪律诉讼或如认为适当，可向有关的交易所参与者发出警告信。如监察科认为表面证据并不成立，则不得对该个案再作追究。被指控的交易所参与者有权出席纪律委员会的聆讯。如被指控的交易所参与者或监察科对纪律委员会的决定不满，均可在送达决定后 14 天内要求将事件提交纪律上诉委员会。被指控的交易所参与者或监察科有权出席纪律上诉委员会的聆讯。交易所参与者有权由律师或大律师代表其出席纪律委员会或纪律上诉委员会聆讯。纪律诉讼完结后，纪律委员会或纪律上诉委员会可指示按照有关委员会决定的任何方式或媒介刊登被指控的交易所参与者的名称、对其提出的指控及作出的处分。

香港联交所对上市类违规行为进行处分的最重要机构为上市委员会❶，其享有纪律处分的决定权。上市委员会委员由董事会委任，上市委员会由 28 名或董事会可能不时议定的更大数目的委员组成，其成员包括：（1）最少 8 名为上市提名委员会认为能够代表投资者权益的人士；（2）上市提名委员会认为比例能够适当代表上市发行人与市场从业人士（包括律师、会计师、企业融资顾问及交易所参与者或交易所参与者的高级人员）的 19 名人士；（3）交易及结算所行政总裁担任当然委员。上市委员会主席及副主席由上市提名委员会提名及由董事会委任，交易及结算所行政总裁不得被委任为上市委员会主席或副主席。上市委员会商讨任何事项所需的法定人数须为亲自出席的 5 名委员。香港联交所对上市类违规行为进行处分具体程序为：如根据上市规则所载权力而将会遭谴责、批评、指责或以其他方式制裁的任何一方（上诉人）提出要求，则上市委员会将以书面说明其对上诉人作出制裁的决定的理由，而上诉人有权将该决定再提呈上市委员会作复核。如上市委员会修订或更改其决定，则在上诉人要求下，上市委员会将会以书面说明作出修订或更改的

---

❶ 包括主板的上市委员会和创业板的上市委员会，两者的组成和纪律处分程序基本一致。

理由，而仅限于就根据主板上市规则第 2A.09（2）、（3）、（5）、（7）、（8）或（9）条和创业板上市规则第 3.10（2）、（3）、（5）、（7）、（8）或（9）条作出的决定而言，上诉人有权向上市上诉委员会（该委员会委员为包括香港联交所董事会主席及两名董事在内的三人）申请再次及最后复核有关的决定。上市上诉委员会的复核决定为终局，对上诉人具有约束力。在上诉人要求下，上市上诉委员会将以书面说明其复核决定的理由。在上市委员会进行的任何纪律程序及在上市委员会或上市上诉委员会为进一步复核决定而产生的程序，所涉及该等程序的有关各方有权出席会议、提交意见及在其专业顾问陪同下出席。

六、沪深证券交易所纪律处分机制存在的问题及完善建议

（一）沪深证券交易所纪律处分机制的现状及存在问题

1. 纪律处分的对象

根据上海和深圳证券交易所的交易规则、上市规则及《上海证券交易所纪律处分和监管措施实施办法》《深圳证券交易所自律监管措施和纪律处分措施实施细则》《深圳证券交易所纪律处分程序细则》（深证上〔2008〕146 号）等规则的有关规定，沪深证券交易所可以采取纪律处分的对象包括：上市公司及其董事、监事、高级管理人员、上市公司相关信息披露义务人等自然人、机构及其相关人员；会员及其董事、监事、高级管理人员；保荐人及其保荐代表人；证券服务机构及其相关人员；破产管理人和管理人成员等。而《深圳证券交易所纪律处分程序细则》中更概括地将"股东"作为

可以施予纪律处分的对象之一。

正如本书前文所述，笔者认为，证券交易所对包括上市公司内的所有被监管主体的监管权只能有三个来源：（1）法律、行政法规及中国证监会的授权立法中的明确规定；（2）有权机构的委托；（3）与被监管主体达成的协议。因而在未获得被监管主体同意的情况下交易所能够以自身名义行使监管权的权力来源就仅限于法律、行政法规及中国证监会的授权立法中的明确规定。在此界定基础上，笔者查阅《公司法》《证券法》等相关的法律和行政法规，中国证监会根据这些法律和行政法规的明确授权而制定的规范性文件。笔者发现，上述法律、行政法规和规范性文件中并未规定证券交易所可以对保荐人及其保荐代表人、证券服务机构及其相关人员、破产管理人和管理人成员、持股5%以下的公众投资者行使监管权。因此，沪深交易所要对上述主体行使监管权，就必须取得其同意，也就是沪深交易所须通过与该等主体签订相关协议才能取得对该等主体的监管权。然而，如果说保荐人及其保荐代表人、证券服务机构及其相关人员、破产管理人和管理人成员尚有可能事先与交易所签订同意接受交易所监管的协议的话，持股5%以下的公众投资者却不太可能与交易所事先达成相关监管协议（目前我国证券投资者在进行开户及交易等行为时并未与证券交易所签订任何协议），因此，沪深交易所相关纪律处分规则尤其是《深圳证券交易所纪律处分程序细则》中关于交易所纪律处分对象的规定过于宽泛，有超越权限之嫌。另外，《证券法》第121条规定："在证券交易所内从事证券交易的人员，违反证券交易所有关交易规则的，由证券交易所给予纪律处分；对情节严重的，撤销其资格，禁止其入场进行证券交易。"即《证券法》明确赋予证券交易所对证券交易所内从事证券交易的人员（这些人员一般都是交易所会员的一般雇员）的纪律处分权，但沪深证券交易所的业务规则和纪律处分规则却未将该等人员明确纳入交易所可行使纪律处分权的人员之列，这显属疏漏。

2. 交易所可施予纪律处分的情形

根据《上海证券交易所纪律处分和监管措施实施办法》和《深圳证券交易所自律监管措施和纪律处分措施实施细则》《深圳证券交易所纪律处分程序细则》的规定，上海和深圳证券交易所可施予纪律处分的情形仅限于违反其会员管理规则、上市规则、交易规则等业务规则的情形。然而，由于交易所的业务规则未全部将法律、行政法规及中国证监会的授权立法中明确规定属于证券交易所可以给予纪律处分的情形纳入其中（如上述《证券法》第121条的规定），因此，《上海证券交易所纪律处分和监管措施实施办法》和《深圳证券交易所自律监管措施和纪律处分措施实施细则》《深圳证券交易所纪律处分程序细则》的上述规定偏窄。

3. 交易所纪律处分的种类

根据《证券法》、沪深证券交易所交易规则、上市规则、会员管理规则及纪律处分细则等规则的相关规定，沪深证券交易所的纪律处分措施主要包括：（1）通报批评；（2）公开谴责；（3）暂停或限制交易；（4）公开认定不适合担任某一职务；（5）取消交易资格；（6）取消会员资格；（7）建议法院更换管理人或管理人成员；（8）限制投资者证券账户交易；（9）认定证券账户持有人为不合格投资者。近年来沪深证券交易所作出的纪律处分的类型主要集中在前四种，具体如图5和图6所示（该两图显示的是2009~2012年的纪律处分类型，2013年的纪律处分类型可见前文）。

与世界上其他主要证券交易所相比，沪深证券交易所的纪律处

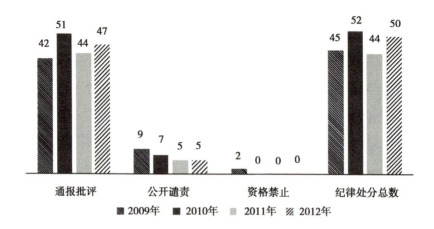

图 5   2009～2012 年深圳证券交易所按照处分类型划分的纪律处分分布

资料来源："深圳证券交易所 2012 年度自律监管工作报告"，载 http：//www. szse. cn/main/files/2013/02/05/667304563245. pdf.

注：①资格禁止类包括公开认定不适合担任上市公司董监高、取消董秘资格。②同一纪律处分决定书对不同主体作出多种纪律处分决定的，分别单独计算纪律处分次数。③纪律处分总数以纪律处分决定书数量为准。

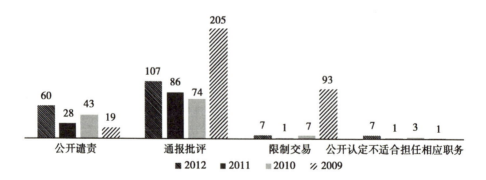

图 6   2009～2012 年上海证券交易所按照处分类型划分的纪律处分分布

资料来源："上海证券交易所 2012 年度自律监管工作报告"，载 http：//www. sse. com. cn/aboutus/regulatory/action/whitepaper/c/c_ 20130425_ 3706940. pdf.

分种类偏少，尤其是缺少世界上许多交易所都普遍采用的违约金形式。纪律处分措施总的来说可以分为名誉处分、金钱处分和资格处分三大类。一般而言，名誉处分主要是针对违规情节较轻，并且危害后果较小的场合，资格处分主要适用于违规情节较重和危害后果较为严重的场合，金钱处分的适用情形则介于前两者之间。我国交易所缺少了金钱处分这一措施，使得纪律处分措施结构上缺损，层次上缺乏过渡性。❶ 此外，根据沪深股票上市规则和纪律处分规则的规定，暂停、终止上市不属于纪律处分的一种形式，无须经过纪律处分委员会的审核。根据上海证券交易所相关规则的规定，暂停、终止上市须经过交易所上市委员会的审核，但深圳交易所仅规定终止上市须经过上市委员会审核，暂停上市无须经过上市委员会审核。然而暂停、终止上市尤其是后者可以说是对上市公司最严厉的一种处分措施，该等措施不但使上市公司遭受致命的打击，而且会连带使中小投资者的利益遭受巨大损失，不将暂停、终止上市视为纪律处分措施，被暂停、终止上市的当事人就无法享有在受纪律处分时应享有的申辩、听证等权利，该等监管措施的存在与实施的正当性就无法体现。

4. 纪律处分的机构与程序

沪深证券交易所的纪律处分机构均为纪律处分委员会，对于纪律处分事项，先由纪律处分委员会作出独立的专业判断并形成审核意见，然后由证券交易所根据纪律处分委员会的审核意见作出是否给予纪律处分的决定。根据《上海证券交易所纪律处分和监管措施实施办法》和《深圳证券交易所纪律处分程序细则》，上海证券交易所纪律处分委员会委员共为 20 名（深圳证券交易所为 21 名），由交易所相关业务部门专业人员、法律部门专业人员及交易所之外的

---

❶ 蒋学跃：“关于证券交易所创设违约金监管制度的研究”，载 http://www.cninfo. com.cn/yjs/index.jsp.

专业人士组成（深圳证券交易所则由该所高级管理人员和上市公司监管、会员管理、法律和其他有关业务部门的工作人员组成），两大交易所的纪律处分委员会委员均由交易所总经理聘任。两大交易所纪律处分委员会每次审议会的参会委员为 5 名，深圳证券交易所还规定其中至少应有 1 名委员来自纪律处分事项涉及的交易所业务部门，1 名委员来自交易所法律部。

　　沪深交易所作出纪律处分的主要程序为：（1）由相关业务部门以部门名义向拟被处分人发送纪律处分意向书（深圳证券交易所则发送《处分事先告知书》），说明拟将采取的纪律处分措施及简要理由，并告知其在规定时间内提交书面陈述和申辩的权利。（2）监管对象对纪律处分意向书所提出的纪律处分表示异议或者届期未作回复的，或在审查当事人的书面陈述和申辩后，相关业务部门仍然认为需要给予其纪律处分的，应及时向纪律处分委员会工作机构提交纪律处分建议书（深圳证券交易所为《纪律处分处理表》）及相关材料，提请召开纪律处分审核会议。（3）参加审核会议的委员对有关事项进行表决。参加审核会议的委员认为有必要的，可以要求纪律处分工作机构通知被监管对象，到会陈述意见、接受询问（深圳证券交易所没有这一规定）。（4）交易所根据纪律处分委员会的纪律处分意见书，作出纪律处分决定（深圳证券交易所规定由总经理室批准后签发），深交所规定涉及取消交易权限、取消交易资格和取消会员资格三种纪律处分的，须报深交所理事会批准后方能签发，上海证券交易所规定作出取消会员资格的纪律处分决定的，还需要经该所理事会审议通过；上海证券交易所还规定其出具的纪律处分决定书中应当载明监管对象的违规事实、监管对象的申辩理由及其采纳情况、决定实施的纪律处分及其适用理由、适用规则，对于可以申请复核的纪律处分决定，纪律处分决定书中应当告知监管对象申请复核的期限及相关要求。（5）交易所可以通过邮寄、传真、公告等方式送达对上市公司、会员及其相关当事人纪律处分决定书。交易所对被监管对象采取纪律处分的，记入诚信档案，并可视情况通报中国证监会及其派出机构、地方政府和行业自律组织。（6）上市公司、会员及其相关当事人不服纪律处分决定且依据交易所业务规则可申请复核的，可在规定期间内向复核委员会（深交所为上诉复核委员会）申请复核，复核期间该处分决定不停止执行。（7）根据上海证券交易所的规定，被监管对象被处以纪律处分的，应当按上交所的要求自查整改，如不按照其要求自查整改的，上交所可以采取进一步的纪律处分措施。

除上述一般程序外，2013年，深圳证券交易所通过发布《纪律处分听证程序细则》、上海证券交易所通过颁布《上海证券交易所纪律处分和监管措施实施办法》取代之前的《上海证券交易所纪律处分实施细则》，分别新增了纪律处分听证程序的相关规定。该等程序主要如下：（1）可以举行听证的情况。深交所规定拟对中小企业板或者创业板上市公司给予公开谴责处分的，当事人可以要求听证；上交所规定拟对被监管对象实施公开谴责、公开认定不适合担任相关职务或该所规定适用听证程序的其他纪律处分的，监管对象可以要求举行听证。（2）听证机构。由纪律处分委员会履行听证职责，每次听证会的听证委员为5名。深交所还规定纪律处分委员会可以根据需要邀请所外专家担任听证委员，所外专家作为听证委员参加听证时，与所内委员具有相同的权利和义务，实践中深交所已选聘了9位纪律处分外部听证委员。❶ （3）被监管对象可以自行或委托代理人参加听证。（4）被监管对象有权在纪律处分听证会上，就违规事实及其情节、适用的规则、拟作出的纪律处分等进行陈述和申辩，对本所监管业务部门提交的证据进行质证。深交所还规定，被监管对象有权在纪律处分听证会上，就违规事实及其情节、适用的规则、拟作出的纪律处分等进行陈述和申辩，对深交所监管业务部门提交的证据进行质证；经听证召集人允许，当事人及其代理人和案件承办人员双方可以就案件事实相互进行质证，并均可向证人（如有）发问。

笔者认为，沪深证券交易所纪律处分机构设置及处分程序主要存在以下问题：（1）纪律处分委员会的人员构成缺乏代表性，不能体现出对利益相关方的利益之关注，尤其是深圳证券交易所，其纪律处分委员会的委员全部为交易所的内部工作人员。交易所作为一个自律组织，纪律处分权主要来源于交易所会员及上市公司等有关机构和自然人权利的让渡，因此，在对相关人员进行处分时，不但要考虑到组织本身的公益（如建立一个公平、透明且管理有效率的市场以吸引投资者进入市场交易从而最终有利于全体权利让渡人），而且也要考虑权利让渡人自身及所代表的利益方的利益。可以说，如果不全面倾听各利益方的意见，就无法成就真正的公益。"人们了解一件事的唯一途径就是倾听各种观点，研究通过各种方式观察到的所有情况"，"（协商民主）这种决策不仅反映了参与者先前的利益，而且还反映了他们在思考各方观点之后做出的判断，以及应该

---

❶ "上海证券交易所 2012 年度自律监管工作报告"，载 http：//www.sse.com.cn/aboutus/regulatory/action/whitepaper/c/c_ 20130425_ 3706940.pdf.

用来解决分歧的原则和程序"。❶ 国外主要证券交易所也无不关注纪律处分机构人员的代表性，如纽约证券交易所就纪律处分事项组成的每一听证小组的人员包括被裁决人同行业的人，澳大利亚证券交易所的纪律裁决庭由相关行业的专家构成。（2）纪律处分委员会委员由交易所总经理聘任使得纪律处分委员会缺乏独立性。设置纪律处分委员会的目的就是要对交易所的经营管理部门提交的涉嫌违规的事项和人员给予一个独立客观的判断，而如果纪律处分委员会的人员由负责日常经营管理的总经理聘任，则很难想象如何确保其独立性。（3）纪律处分机构过于单一和刚性。根据沪深处分规则的规定，凡是需要进行纪律处分的，都必须经过纪律处分委员会的审核，这虽然可能有利于更好地保证公正价值的实现，但可能失之于效率的低下。（4）对当事人在纪律处分程序中的权利保护明显不足，如可以申请听证的情形过于狭窄，来明确听证前应将交易所所掌握的主要证据材料提供予被监管对象，此外也未规定不得因当事人申辩或要求听证而加重处分等规定。（5）深圳证券交易所规定纪律处分决定由总经理室批准后签发，这不但使纪律处分的决定权归属模糊化，从而导致纪律处分委员会的制度设计目的落空。（6）上海证券交易所关于可以对被处以纪律处分后未按照上交所要求自查整改的被监管采取进一步的纪律处分措施的规定违反了"一事不再罚"的公正性原则，实属不当。（7）根据深圳证券交易所章程，取消会员资格（开除会籍）应属于会员大会的职责，而审定对会员开除会籍以下的处分则是理事会的职责，但《深圳证券交易所纪律处分程序细则》却规定取消会员资格只需报深交所理事会批准后就能签发相关决定书，而对会员的其他处分连理事会的批准都不需要，很明显，

---

❶ 陈家刚：《协商民主》，上海三联书店 2004 年版，第 324 页、代序 3。

《深圳证券交易所纪律处分程序细则》违反了深圳证券交易所章程的规定,两者之间的矛盾应予以协调。

（二）沪深证券交易所纪律处分机制的完善建议

1. 纪律处分规则的制定或修改应公开征求意见,并报交易所理事会审议通过

交易所作为法定的自律组织,包括纪律处分规则在内的相关规则的制定应充分体现其自治性,在制定前向市场参与者公开征求意见,这不但可以加深市场参与者对规则的认可度,而且可以使规则的内容更加合理,确保规则的良好执行效果。而目前交易所的规则在制定和修改过程中极少向市场参与者公开征求意见,这种现状应予改变。值得赞赏的是,2013 年 5 月 13 ~ 17 日,上交所通过其官方网站向市场公开征求了对《上海证券交易所纪律处分和监管措施实施办法》的意见,得到上市公司、证券公司等市场主体的积极反馈。❶ 此外,根据沪深交易所的《业务规则制定办法》,纪律处分规则属于细则之列,而细则根据该办法的规定是经总经理办公会议或理事会审议通过后生效,笔者认为,为了确保纪律处分委员会的工作独立于经营管理层,应明确规定纪律处分工作规则应由理事会批准为妥。

2. 修改沪深证券交易所纪律处分规则中关于纪律处分对象和处分情形的规定

（1）应明确交易所对保荐人及其保荐代表人、证券服务机构及其相关人员、破产管理人和管理人成员所实施的纪律处分仅限于交

---

❶ "上交所就纪律处分和监管措施实施办法答记者问",载网易网 http://money.163.com/13/0621/03/91S3Q2AL00253B0H.html.

易所与该等机构和人员事先签订有关协议的情形，没有签订协议或协议中未明确该等人员接受交易所监管的事项，交易所无权就未约定的事项对该等机构和人员予以纪律处分；（2）将《深圳证券交易所纪律处分程序细则》中可施予纪律处分的对象之一"股东"修改为"上市公司相关信息披露义务人"；（3）在处分规则中明确交易所对证券交易所内从事证券交易的人员在违反证券交易所有关交易规则时有纪律处分权；（4）纪律处分规则中还应有一个兜底性的条款，规定"法律、行政法规及中国证监会的授权立法中规定证券交易所可以给予纪律处分的情形"均可由交易所进行纪律处分。

3. 在沪深证券交易所纪律处分规则和其他相关业务规则中增加纪律处分的种类

一方面，应增加缴纳违约金为一种纪律处分措施，将其适用于所有可以与交易所事先签订相关协议的主体，并合理设置违约金的缴纳标准。另一方面，将暂停、终止上市作为一种纪律处分措施，同时在完善上市委员会的工作规则（尤其要参照纪律处分委员会的纪律处分规则予以完善）之前提下保留由上市委员会对暂停、终止上市的审核权。

4. 改革纪律处分委员会的人员构成和聘任制度，增加纪律处分决定机构的层次，完善纪律处分程序中被监管对象的权利规定

（1）纪律处分委员会的委员不但应包括交易所高级管理人员代表、各业务部门代表，还应包括各利益方的代表，如投资者利益代表、交易所会员代表、不同的证券服务机构代表等，且非交易所工作人员的委员应占大多数，而在每次的审核会上应至少有一个被监管对象的行业代表委员参加。（2）为确保纪律处分委员会相对于经营管理层的独立性，其委员应由理事会聘任而非总经理聘任。

（3）增加纪律处分决定机构的层次，如可参考香港联交所的规定，明确一些情形可由交易所某一工作部门直接作出某种处分（如情节较轻的情形或当事人对拟作出的处分措施无异议的情形）而无须提交纪律委员会审核，但同时赋予当事人要求提交纪律委员会裁决的权利，这样在保障被监管对象受到公正对待的同时又为降低交易所的纪律处分成本开辟途径。（4）纪律处分规则中应扩大被监管对象享有要求纪律处分机构举行听证的权利的情形之范围，并增加听证程序的规定，且明确规定纪律处分机构不得因当事人申辩而加重处分。（5）深圳证券交易所应修改其纪律处分规则中关于纪律处分决定由总经理室批准后签发的规定，总经理应只有根据纪律处分委员会的审核结果签发纪律处分决定的义务而无批准权。

5. 删除或修订其他一些不合适的规定

如删除上海证券交易所关于可以对被处以纪律处分后未按照上交所要求自查整改的被监管采取进一步的纪律处分措施的规定等。

七、沪深证券交易所自律监管措施
机制存在的问题及完善建议

在自律监管实践中，沪深证券交易所除了可以对被监管对象进行纪律处分外，还可以对被监管对象采取自律监管措施，该等措施一般针对违反法律法规或交易所规则情节较轻的行为。

（一）沪深证券交易所自律监管措施机制的现状及存在问题

1. 监管措施的实施对象

根据上海和深圳证券交易所的交易规则、上市规则及《上海证券交易所纪律处分和监管措施实施办法》《深圳证券交易所自律监管措施和纪律处分措施实施细则（试行）》等规则的有关规定，沪深证券交易所可以采取监管措施的对象包括上市公司及其董事、监事、高级管理人员、股东、实际控制人、收购人、破产管理人等自然人、机构及其相关人员；保荐机构及其保荐代表人；证券服务机构及其相关人员；会员及其董事、监事、高级管理人员、会员代表、会员业务联络人。

正如前文所述，由于法律、行政法规及中国证监会的授权立法中并未规定证券交易所可以对保荐人及其保荐代表人、证券服务机构及其相关人员、破产管理人和管理人成员、持股 5% 以下的公众投资者行使监管权，因此，沪深交易所要对上述主体行使监管权，就必须取得其同意，也就是沪深交易所须通过与该等主体签订相关协议才能取得对该等主体的监管权。然而，如果说保荐人及其保荐代表人、证券服务机构及其相关人员、破产管理人和管理人成员尚有可能事先与交易所签订同意接受交易所监管协议的话，持股 5% 以下的公众投资者却不太可能与交易所事先达成相关监管协议（目前我国证券投资者在进行开户及交易等行为时并未与证券交易所签订任何协议），因此，沪深交易所相关规则中关于交易所监管措施实施对象的规定过于宽泛，有超越权限之嫌。

2. 监管措施的种类

根据上海和深圳证券交易所的交易规则、上市规则及《上海证券交易所纪律处分和监管措施实施办法》《深圳证券交易所自律监管措施和纪律处分措施实施细则（试行）》等规则的有关规定，沪深证券交易所可对被监管对象采取的监管措施主要包括：（1）口头警示；（2）书面警示；（3）监管谈话；（4）要求限期改正;（5）要求公开更正、澄清或说明；（6）要求公开致歉；（7）要求聘请证券服务机构进行核查并发表意见；（8）要求限期参加培训或考试；（9）要求限期召开投资者说明会；（10）要求上市公司董事会追偿损失；（11）对未按要求改正的上市公司暂停适用信息披露直通车业务；（12）建议或要求上市公司更换相关任职人员；（13）对未按要求改正的上市公司股票及其衍生品种实施停牌；（14）不接受相关股东的交易申报；（15）暂不受理保荐人、证券服务机构及其相关人员出具的文件；（16）暂停受理或办理相关业务；（17）将证券账户列入监管关注账户；（18）要求投资者提交合规交易承诺书；（19）盘中暂停证券账户当日交易；（20）限制交易；（21）专项调查；（22）撤销任职资格证书；（23）要求自查上报中国证监会。

上述种类繁多的监管措施确保沪深交易所可以有效地履行一线监管的职责，但同时若干监管措施的严厉程度似乎已经与纪律处分相当，例如建议或要求上市公司更换相关任职人员、限制交易、暂停受理或办理相关业务、撤销相关任职资格等，而如后文将论及的，监管措施的实施程序相当简单，"社团罚相对于社员具有权力属性，权力极易被滥用的天性在社团罚权力上也同样会应验；又加之我国社团内部民主成分不足，通过内部控权的能力也不足，这就使得社团罚权力的危险性变得更大"，❶ 因此如果仍然将该等监管措施游离于纪律处分措施之外，将致使当事人受到严厉程度与纪律处分相当的监管措施却无法享有在纪律处分程序中可享有的权利，从而损害当事人的利益，而监管措施的公正性亦也无法得以彰显。

3. 采取监管措施的机构与程序

根据上交所的规定：（1）口头警示的监管措施，由上交所监管

---

❶ 袁曙宏、苏西刚："论社团罚"，载《法学研究》2003年第5期，第58~70页。

部门的工作人员决定并实施。（2）上述第（11）～（16）类的监管措施应按以下程序进行：上交所监管部门向监管对象及其任职单位发送监管措施意向书，并要求监管对象在 5 个交易日内予以书面答复；监管对象对监管措施意向书回复无异议或者届期未作回复的，上交所监管部门应将监管措施决定书及时提交上交所法律部门会签，并报上交所总经理或其授权的副总经理同意；监管对象对监管措施意向书提出异议的，上交所监管部门应当结合其异议及其证据材料重新考量是否实施监管措施。上交所监管部门认为应继续实施监管措施意向书规定的监管措施的，应当将监管措施决定书及时提交上交所法律部门会签，并报上交所总经理或其授权的副总经理同意；上交所监管部门向监管对象及其任职单位发出监管措施书面决定。（3）除前两项外的其他监管措施由上交所监管工作人员提出建议，上交所监管部门作出决定并实施。此外，根据上交所的规定，上交所和上交所监管部门及时公开对监管对象实施监管措施的情况，对监管对象实施口头警示、书面警示措施的情况可以定期进行公开，上交所将对监管对象实施的相关监管措施记入诚信档案，并可根据情况通报中国证监会或其派出机构、地方政府和行业自律组织等。

根据深交所的规定，监管措施由深交所或深交所有关业务部门实施，但拟对当事人采取下列自律监管措施之一的，应经深交所法律部门会签后按深交所有关程序实施：（1）拟对会员发出监管函或关注函且同时抄报中国证监会或其有关部门，抄送中国证监会有关派出机构的；（2）要求或建议更换有关人选的；（3）撤销任职资格证书的；（4）暂不受理有关当事人出具的文件的；（5）暂停受理或办理相关业务的；（6）对当事人的实体权利构成重大影响的其他自律监管措施。深交所还规定当事人对深交所或实施机构实施的自律监管措施不服，且根据其业务规则可以申请复核的，可按其规定的复核程序申请复核。复核期间该自律监管措施不停止执行。

相比之下，一方面，上交所关于监管措施实施程序的规定较之深交所规定更为详尽和完善，也赋予当事人更多程序上的保护，而深交所相对比较简单；但另一方面，上交所又规定其可以对所有采取监管措施的情况予以公开并将这些监管措施记入诚信档案，由于公开的结果必将导致相关当事人的名誉受损，其结果与纪律处分中的通报批评其实无甚区别，而监管措施实施的程序与纪律处分程序相比要简单得多，因而使得其目前关于监管措施实施程序的规定显得无法保障当事人的权利。

（二）沪深证券交易所监管措施实施机制的完善建议

（1）修改沪深证券交易所监管措施实施对象的相关规定。应明确交易所对保荐人及其保荐代表人、证券服务机构及其相关人员、破产管理人和管理人成员实施监管措施仅限于交易所与该等机构和人员事先签订有关协议的情形，没有签订协议或协议中未明确该等人员接受交易所监管的事项，交易所无权就未约定的事项对该等机构和人员采取监管措施。

（2）将严厉程度与纪律处分相当的监管措施界定为纪律处分，适用纪律处分程序。为保障当事人的合法权益，应将要求上市公司更换相关任职人员、限制交易、暂停受理或办理相关业务、撤销相关任职资格证书这些严厉程度与纪律处分相当的监管措施界定为纪律处分，适用纪律处分程序。

（3）删除交易所可以将监管措施实施情况公开的规定。鉴于监管措施实施情况的公开将使当事人的名誉受损，因而即使目前实践中沪深交易所并未公开监管措施的实施情况，但该规定的存在本身赋予了交易所这一不合适的权力，应删除相关规定。

（4）深圳证券交易所应细化和完善其监管措施实施程序，确保给予相关当事人最低的正当程序保护。《深圳证券交易所自律监管措施和纪律处分措施实施细则（试行）》的规定对于监管措施的实施程序之规定非常简陋，就许多监管措施的采取甚至没有给予相关当事人以表达意见、对采取的监管措施进行理由说明这些被公认为最低正当程序保障的相关规定，对有关当事人的程序保护相当不足。因此，深圳证券交易所应在此方面借鉴上海证券交易所的经验，对相关规定予以细化和完善。

证券交易所监管与服务争议
的司法介入研究

一、引　言

2013 年 8 月发生了令中国证券市场震惊的"光大证券乌龙指事件"❶，时隔仅一个月，广州股民郭先生就以"光大证券发生乌龙指异常交易事件，其高管事后又向市场发表不实言论，存在过错，而上海证券交易所在异常交易发生后，未采取临时停市措施，属未尽监管之责，共同导致其损失"为由向法院起诉光大证券和上海证券交易所。❷

上述针对证券交易所的类似诉讼在我国早已不是什么新鲜事。随着我国证券市场的发展，证券及其衍生品种品种日益增多，证券市场参与人的数量和种类也日渐增加，证券市场的利益多元化格局逐渐形成。证券交易所作为证券市场的组织者和站在一线监管证券

---

❶　2013 年 8 月 16 日 11 点 05 分上证指数出现大幅拉升，大盘一分钟内涨超 5%，最高涨幅 5.62%，指数最高报 2 198.85 点，盘中逼近 2 200 点。11 点 44 分，上交所称系统运行正常。14 点，光大证券公告称策略投资部门自营业务在使用其独立的套利系统时出现问题。有媒体将此次事件称为"光大证券乌龙指事件"。

❷　陈春林："股民起诉光大证券上交所索赔 7 万"，载 http://epaper.yzwb.net/html_ t/2013 - 09/03/content_ 100051.htm? div = -1，2013 年 9 月 3 日.

市场的自律组织，很容易卷入各种利益矛盾的漩涡，其服务和监管行为也越来越多地面临着各利益主体的挑战，针对上海和深圳证券交易所的诉讼也很自然地呈上升趋势，而且近几年的相关诉讼还体现出相关利益方的反应速度快，专业水准高的特征。

然而，针对证券交易所的诉讼，有许多值得探讨的问题，例如：针对证券交易所的诉讼是否应该受理？证券交易所的哪些行为可诉，哪些行为不可诉？对于可诉的行为，是作为行政诉讼还是民事诉讼受理？法院介入是否有程序性前提？虽然最高人民法院于 2004 年颁布的《关于对与证券交易所监管职能相关的诉讼案件管辖与受理问题的规定》（以下简称 "2004 年司法解释"）对上述问题提供了一定的指引，但该司法解释对问题的解决仅有杯水车薪之效。因此，对这些问题予以深入探讨，具有非常重要的意义。

二、与证券交易所有关的争议是否可以由司法介入

证券交易所日常从事的行为主要包括监管行为、服务行为和普通的民事行为，这些行为都可能引发诉讼。证券交易所作为普通的民事行为主体从事民事活动（如购买相关设备等）时，其可以成为民事诉讼的被告自然是毫无争议的，可能有疑问的是监管行为和服务行为。

（一）证券交易所监管行为和服务行为的主要内容

根据《证券法》《基金法》《证券交易所管理办法》、深沪证券交易所章程、深沪证券交易所交易所交易规则、深沪证券交易所会员管理规则和深沪证券交易所股票上市规则以及沪深证券交易所发

布的其他业务规则，深沪证券交易所提供的监管和服务主要如下。

1. 对会员、上市公司、其他证券市场参与人的监管

监管方式主要包括：（1）督促信息披露义务人披露信息；（2）获取相关信息，例如要求会员向其提供定期报告和特定事项的专项报告，要求上市公司在发生特定事项时向其报告等，又如在检查和调查时要求相关当事人提交相关文件和资料；（3）监控，例如对异常交易行为的监控；（4）调查和检查，例如采用现场和非现场的方式对会员证券业务活动中的风险管理、交易及相关系统安全运行等情况进行监督检查；（5）处理，例如对重点监控事项中情节严重的行为，证券交易所可以采取约见谈话、口头或书面警示、限制相关证券账户交易等处理措施；在发生特定的交易异常情况，导致部分或全部交易不能进行的，交易所可以决定单独或同时采取暂缓进入交收、技术性停牌或临时停市等措施；（6）纪律处分；（7）批准上市。

2. 服务

深沪交易所提供的服务主要包括：（1）提供证券交易的场所和设施，交易场所和设施由交易主机、交易大厅、交易单元、报盘系统及相关的通信系统等组成；（2）提供证券交易公开信息，发布证券交易即时行情、证券指数、证券交易公开信息等交易信息，编制并公布反映市场成交情况的各类日报表、周报表、月报表和年报表等；（3）为上市公司提供网络投票服务、为投资者网上认购公开发行的股票或申购赎回开放式基金提供技术通道服务、为权证发行人提供权证行权服务等。

（二）证券交易所监管行为的可诉性分析

对于证券交易所的监管行为是否可以纳入司法审查，主要有三

种观点：第一种观点认为，由于该等监管行为属于自律监管行为，自律监管权力来源于交易所与被监管对象之间的民事契约，由此种来源途径获得的权力属于民事权利范畴因而不受司法审查的干预。第二种观点认为，沪深证券交易所从设立到运作均实质为"政府之手"，难以与真正来源于自愿性契约的自律监管同日而语，而即便是在拥有真正的自律传统的国家，如美国，也并不排斥法院对证券交易所自律监管的介入，因为证券交易所不再仅仅是个商业机构，同时也是一个承担公益目标的机构，因此法院可以而且应当对证券交易所的监管行为进行司法审查。目前这一观点占据主导地位，即便是证券交易所的相关人员，也支持这一观点，上海证券交易所的徐明和卢文道甚至认为"司法权力的介入，对交易所自律管理运行是一种监督制约，同时也是一种司法保障。经过法院审理，交易所自律管理行为正当性、合法性一旦得到司法确认，交易所正当监管下的投资者买者自负原则一旦得到法院认可，则交易所的自律管理反过来会取得司法权威性，交易所反而可以从可能的滥诉和不合理的纠缠中解脱出来，对司法介入威胁到交易所的自律管理权的存在和运行的担忧，可能是多余的"。❶ 第三种观点认为不能一概而论，应根据相关争议行为的属性进行甄别后方可决定司法是否可以介入。

2004 年司法解释可以说是主流观点在实践中的体现。该司法解释指定由上海证券交易所和深圳证券交易所所在地的中级人民法院分别管辖以上海证券交易所和深圳证券交易所为被告或第三人的与证券交易所监管职能相关的第一审民事和行政案件，也就是确认了法院是可以介入沪深证券交易所由于行使其监管职能相关的诉讼案

---

❶ 徐明、卢文道："证券交易所自律管理侵权诉讼司法政策——以中美判例为中心的分析"，载《证券法苑》2009 年第 1 期，第 1～45 页。

件的，该司法解释还明确了与证券交易所监管职能相关的诉讼案件包括：（1）证券交易所根据《公司法》《证券法》《基金法》《证券交易所管理办法》等法律、法规、规章的规定，对证券发行人及其相关人员、证券交易所会员及其相关人员、证券上市和交易活动作出处理决定引发的诉讼；（2）证券交易所根据国务院证券监督管理机构的依法授权，对证券发行人及其相关人员、证券交易所会员及其相关人员、证券上市和交易活动作出处理决定引发的诉讼；（3）证券交易所根据其章程、业务规则、业务合同的规定，对证券发行人及其相关人员、证券交易所会员及其相关人员、证券上市和交易活动做出处理决定引发的诉讼；（4）证券交易所在履行监管职能过程中引发的其他诉讼。上述列举尤其是最后一项兜底性规定，将证券交易所在履行监管职能过程中引发的所有争议均纳入了可进行司法审查的范围。

笔者支持上述第三种观点，即认为证券交易所的自律监管行为是否可以纳入司法审查不能一概而论，而是应该在对不同监管行为进行仔细甄别的基础上区别对待，而对于甄别的标准，笔者认为大陆法系中的特别权力关系理论有重要的参考价值。根据这种理论创造者的观点，处于特别权力关系中的公民一律被纳入行政领域，其后果是不适用基本权利和法律保留，行政机关通过行政规则（设施组织条例）自行调整这种关系（设施）中的内部事务。❶ 特别权力关系是一种特殊公权力的行使，可以在没有具体法律依据的情况下限制相对人的自由，干涉其权利，且对于权力之内容不得作为争讼

---

❶ ［德］哈特穆特·毛雷尔著，高家伟译：《行政法学总论》，法律出版社2000年版，第114页。

的对象。❶ 一般认为，公务员与国家、军人与军队、服刑人员与监狱、学生与学校之间的关系及其他营造物的利用关系是特别权力关系的典型。该理论的早期形态由于存在因一律排除司法审查可能导致行政权滥用以及剥夺了相关利益群体在一些重要的权利受到侵害时寻求司法救济的权利等问题，与日益受到重视的人权和法治潮流不符，因而"二战"后理论界和实务界对该理论进行了改造和扬弃。在德国，1956年乌勒将传统的特别权力关系分为基础关系与管理关系，主张属于前者的行政处置应视为行政处分，如有不服得提起诉讼，后者则不得提起诉讼。其中，基础关系是指与设定、变更及终结特别权力关系有关联的一切法律关系，如公务员的任命、免职、退休、调任，学生的入学、退学、开除、休学、被拒绝授予学位等事项。管理关系则是指单纯之管理措施，如公务员的任务分派、中小学或大专学生的授课或学习安排有关事项。这一标准具有很大的不确定性，在实践中难以把握，因而并没有为德国联邦宪法法院所采纳。1972年联邦宪法法院通过一个有关刑罚执行的判决确立了重要性理论，将之作为有关司法调整必要性和调整密度的标尺。根据该理论，重要性首先意味着对实现基本权利是重要的，凡与基本权利行使有关的事情，即涉及重要性，从而引起法律保留。德国现行司法和学理普遍认为：基本权利、法律保留和法律保护也适用于被视为特别权力关系的国家与公民之间的关系。❷ 重要性理论是对特别权力关系理论的重大发展，一方面，它承认了行政机关及公务法人与其成员或利用者之间的关系仍有别于普通的行政法律关系，不

---

❶ 刘庆、王立勇："高校法治与特别权力关系"，载《政法论坛》2004年第6期，第154页。

❷ 陈太清："特别权力关系与司法审查"，载《河北法学》2005年第5期，第108～111页。

能完全适用法律保留原则，仍有必要赋予特别权力人（公务法人、机关）一定的管理与命令权力，这是维持公务法人正常运作的基础。另一方面，它摒弃了特别权力关系排除司法救济的传统观念，承认在特别权力关系中，只要涉及人民基本权利的重要事项，均应由立法规定，也均可寻求法律救济。❶ 笔者认为，作为自律组织的证券交易所，与其自律对象的会员、上市公司及其董监高之间的监管与被监管关系属于特别权力关系，证券交易所因行使自律监管职能而与会员、上市公司及其董监高之间发生的纠纷是否可以纳入司法管辖，可以根据重要性原则作出判断，对与基本权利行使有关的纠纷才可以纳入司法管辖。至于与基本权利行使有关的纠纷的范围，笔者认为应仅限于侵犯正当程序权利的纠纷以及将影响到特别权力关系是否存在的纠纷，比如在进行相关监管活动或作出处理决定时不给予自律对象申辩机会，又如作出不同意上市、予以退市等处理决定。至于其他监管行为，笔者认为应充分尊重自律组织的自律管理权，不应纳入司法管辖范围。至于证券交易所与会员、上市公司及其董监高之外的被监管对象（如投资者）之间的关系，笔者认为不属于特别权力关系，因为这些被监管对象既不属于法定的证券交易所的成员，也不属于通过契约方式接受证券交易所监管自律对象，证券交易所对该等主体的监管属于根据法律法规的授权进行的监管，与一般行政机关的监管行为并无实质性的区别，因此证券交易所与该等主体之间的纠纷自然可以接受司法管辖。

根据笔者的上述观点，2004 年司法解释的规定显然将大量本不应由司法介入的交易所自律监管行为纳入了司法管辖。但笔者认为，2004 年司法解释的规定是在当前我国针对证券交易所自律监管行为

---

❶ 马怀德："公务法人问题研究"，载《中国法学》2000 年第 4 期，第 40 ~ 47 页。

的内部救济和外部救济途径明显不足的背景下为了保护被监管对象的利益而采取的过渡性措施。❶ 尊重证券交易所的自律监管权和防止证券交易所滥用自律监管权是必须同时予以权衡的两大目标，而如果要排除或减少司法对证券交易所自律监管权的监督，就必须建立起替代性的监督机制，这些机制包括交易所的内部救济（例如证券交易所内部建立纪律复审/复核委员会）、系统内救济（如美国规定对证券交易所纪律处分不服的可以向美国证监会提起复议）以及外部救济（例如仲裁）。然而，2004 年司法解释出台时甚至时至今日，该等替代性机制在我国还是残缺不全的。例如，我国目前还没有建立起中国证监会对证券交易所纪律处分的复议机制，而仲裁这一救济途径目前仅适用于交易所与上市公司的纠纷，因为作为仲裁前提的仲裁条款，目前仅在交易所与上市公司订立的上市协议中出现，而交易所与会员签订的协议以及上市公司董事、监事和高管向交易所出具的承诺函中均没有仲裁条款，上市公司董事、监事和高管向交易所出具的承诺函中甚至将上市公司董事、监事和高管在履行职责过程中与交易所发生的纠纷的管辖权明确交给了交易所住所地的法院。因此，笔者认为，当上述替代性机制在我国建立后，2004 年司法解释将完成其历史使命。

（三）证券交易所服务行为的可诉性分析

对于证券交易所提供的服务行为是否可以接受司法审查，已有的研究少有涉及。上文所列举的证券交易所提供的三大服务中，提

---

❶ 笔者的这一观点与最高人民法院相关人士的观点不谋而合，参见李伟："《最高人民法院关于对与证券交易所监管职能相关的诉讼案件管辖与受理问题的规定》的理解与适用"，载《人民司法》2005 年第 6 期，第 22 ~ 24 页。

供证券交易的场所和设施、提供证券交易即时行情等公开信息是《证券法》规定的证券交易所提供的服务且只能由证券交易所才能提供的服务，而提供网络投票服务、为投资者网上认购公开发行的股票或申购赎回开放式基金提供技术通道服务、为权证发行人提供权证行权服务等则来源于证券交易所自身业务规则的规定。笔者认为，前两项服务在我国现阶段有着公共服务❶的性质，证券交易所根据《证券法》的规定设立并提供该等公共服务，此时的证券交易所非常符合德国行政法中"公营造物"的特质。正如德国行政法学家穆勒所言，公共营造物（即公务法人）是行政法上特有的，在19世纪才产生的组织形态。营造物产生的初期是在自由法治国时期，为免于法律保留的拘束，行政机关得以在高度自由下完成其特定任务而设立的。随着国家任务不断扩充，国家负担大量给付行政，有些任务具有特殊性与技术性，为了执行方便，就成立公务法人来执行这些任务。如负责邮政、铁路、公路、水电事业的机构就是在这种背景下产生的。公营造物依照公法由国家行政主体为了特定目的而设立的服务性机构，其享有一定公共权力，且公营造物与其利用者之间存在丰富而特殊的法律关系，既包括私法关系即普通的民事法律关系，也包括公法关系即行政法律关系。❷公营造物利用关系之法律性质如何，至今仍有争议，问题的根源在于他们相对于利用人来说可能部分是公法，可能部分是私法，有时又以两者结合的准许形

---

❶ 笔者认为，公共服务的范围并非是永恒不变的，而是随着社会经济的发展而不断变化的，同时不同利益群体对于公共服务的提供也有不同的诉求，因此不同的国家、同一国家的不同阶段以及代表不同利益的人群对于公共服务范围的理解注定是不一致的。

❷ 李震山等：《当代公法理论——翁岳生教授六秩诞辰祝寿论文集》，月旦出版社1993年版，第259页。转引自马怀德："公务法人问题研究"，载《中国法学》2000年第4期，第40~47页。

式出现❶。但无论其性质如何，当作为服务提供者的证券交易所和服务对象之间对相关服务的提供有争议时，均应可纳入司法审查。而对于第三类服务，不属于公共服务，具有较为明显的平等民事主体之间的服务提供与接受之特征，因而就该类服务而发生的纠纷，自然可以纳入司法审查。

三、以证券交易所为被告的争议应适用的诉讼程序

在解决与证券交易所有关的争议是否可以由司法介入这一问题后，在我国的诉讼制度下，以证券交易所为被告的原告马上就会面临一个新的问题：其与证券交易所之间的争议是民事争议还是行政争议，是走民事诉讼途径还是行政诉讼途径？这并非是文字游戏，而是确确实实能够影响当事人权利的制度选择。例如，在举证责任上，民事诉讼实行谁主张谁举证的原则，但在行政诉讼中，被告承担主要的举证责任。在行政诉讼中，由于作为诉之起因的行政争议中行政主体的地位强于行政相对人，为此，必须进行制度上的设置，才能实现由争议至诉讼的转化，而这些设置就体现在作为被告的行政主体诉讼权利的限制与作为原告的行政相对人的诉讼权利的保障上。通过赋予原告起诉权、撤诉权，在诉讼中的调查取证权以及取消被告的起诉权、反诉权，在诉讼中的自行调查取证权等具体措施，平衡由争议至诉讼的具体转化，通过这些制度、措施的设置，可最大限度地消除作为诉之起因的争议中双方主体地位对诉讼中当事人

---

❶ 应松年：《当代中国行政法（上卷）》，中国方正出版社 2004 年版，第 485 页。

双方主体地位的影响，实现诉讼所需要的平等地位的"两造"❶，这也是行政诉讼作为一种独立的诉讼制度的价值所在。

基于对行政诉讼上述存在价值的理解，笔者认为，除了证券交易所因从事普通的民事行为而与他人发生的纠纷以及证券交易所因为提供第三类服务行为而与服务接受方发生的纠纷因其民事争议的性质比较明显故应适用民事诉讼解决相关争议外，第三方因证券交易所的其他行为（包括可以纳入司法管辖的监管行为及第一类和第二类服务行为）而与证券交易所之间发生的争议应适用行政诉讼程序。理由是：（1）无论是从证券交易所的设立还是从其目前的地位看，我国证券交易所都具有明显的"公营造物"的特征；（2）目前我国证券交易所行使的监管权力和所提供的第一、二类服务，都具有非常明显的"公共"特质，其在行使该等权力或提供相关服务时的地位与被监管方或服务接受方的地位并不平等。因此，在发生相关争议时，有必要利用行政诉讼程序来消除作为诉之起因的争议中双方主体地位对诉讼中当事人双方主体地位的影响。

然而，如果把我国证券交易因行使监管权力和提供的第一、二类服务而引起的纠纷纳入行政诉讼管辖范围的话，那么，原告就证券交易所行使上述监管行为和不提供相关服务而产生的损失主张的赔偿应由交易所来承担还是最终由国家承担？笔者认为，将证券交易所作为行政诉讼的被告从而适用行政诉讼程序，只是为了消除作为诉之起因的争议中双方主体地位对诉讼中当事人双方主体地位的影响，证券交易所与传统的国家行政机关仍然有着较大的区别，这一区别主要体现为证券交易所是一种"公私混合体"，其一方面行

---

❶ 王峰："行政诉讼、民事诉讼与刑事诉讼之比较研究——从制度属性的视角"，载《行政论坛》2013 年第 1 期，第 69～74 页。

使着具有一定"公共"性质的监管权和提供一些公共服务，另一方面又提供着一些非公共性质的服务以及一些监管权力来源于与被监管对象之间的契约，更为重要的是，立法者或国家机关对证券交易所监管权力的授予无论是出于便利还是其他方面的考虑，该等权力授予的一个结果是提升了证券交易所相比起其他竞争者或潜在竞争者提供非公共性质的服务的能力和增强了证券交易所利用契约来增强其监管权力的能力，也就是说，这一"公私混合体"因为立法者和国家机关将公权授予其行使而在"私权"方面获得了重大利益，因而其有必要承担因行使公权力而发生的费用与损失。因此，笔者认为，与传统行政机关在履行职能时违法侵犯相对人权利应承担行政赔偿责任从而最终的赔偿责任由国家预算承担不同，证券交易所应自行承担其在行使监管权和提供公共服务过程中产生的赔偿责任。

四、证券交易所行政诉讼中司法的介入程度

如前文所述，因可以纳入司法管辖的监管行为和第一类和第二类服务行为而引起的纠纷应适用行政诉讼程序，那么在行政诉讼程序中，法院应当审查什么？这一问题实际上是要解决司法的介入程度问题。

笔者认为，与其他行政诉讼一样，法院在审理以证券交易所为被告的行政诉讼中，应仅作合法性审查，而不进行合理性审查，而且在合法性审查中，应把审查的重心放在对被诉行为的程序审查上，尽可能不对实体性问题进行审查，以充分尊重证券交易所的专业判断。此外，在进行合法性审查时，应把证券交易所自行制定的业务规则作为判断其行为合法性的依据之一，这不但是因为证券交易所

自行制定相关规则并要求其成员遵守该等规则是自律管理的应有之义，更是因为证券市场的高度专业性、复杂性和易变性决定了国家立法无法满足证券市场的发展和规范要求，故证券交易所的业务规则有存在的必要性。但是，正如有学者提出的，证券交易所的业务规则本身也应成为司法审查的对象，尽管这一审查是一种谨慎有限的审查。❶ 而在对证券交易所的业务规则进行审查时，也应坚持合法性审查原则，主要对业务规则的内容和制定程序是否违反国家法律法规的强行性规定进行审查，而对于证券交易所在没有法律法规规定的情况下创设的业务规则，如属于适用特别权力关系的业务规则，即适用于证券交易所与会员、上市公司及其董监高之间的业务规则，应承认其合法性，而对于不属于适用特别权力关系的业务规则，则不应承认其合法性，因为在此等情况下，证券交易所的权力来源仅为法律法规的授权。

---

❶ 徐明、卢文道："证券交易所业务规则法律效力与司法审查"，载《证券法苑》2010 年第 2 期，第 261～272 页。

我国对公司化证券交易所的
未来监管模式选择探析

一、引　　言

2005 年修订并于 2006 年开始实施的《证券法》与修订前相比，不再将证券交易所限定为"不以营利为目的"的法人，此种变化被认为是证券交易所公司化在国家法律层面的破冰，而证券交易所公司化在实践层面的实现也从此被期待。然而，如何对公司化后的证券交易所实施有效的监管，是证券交易所公司化改革前必须要考虑的问题之一。2012 年 9 月 20 日，经国务院批准设立的首个全国性场外证券交易场所——全国中小企业股份转让系统有限责任公司（以下简称"股份转让公司"）在国家工商总局注册成立，并于 2013 年 1 月 16 日正式运营，该公司负责运营管理新三板市场，成为我国建构多层次资本市场的一个重要里程碑。更值得关注的是，该公司的成立意味着我国第一家公司制全国性证券交易场所运营管理机构的诞生。虽然股份转让公司并非证券交易所，但在场外交易市场和证券交易所的区别日益模糊化的当下，❶ 该公司的建立无疑对证券交易

---

❶　最典型的例证是 2006 年美国纳斯达克市场获准转型为证券交易所以及美国最大的 ECN 平台之一 BATS Trading 于 2008 年获准转型为证券交易所。

所的公司化进程提供了进一步的想象空间，而中国证监会对该公司的监管实践也无疑可以为未来公司化后的我国证券交易所的监管提供可供借鉴的前例。

二、应对交易所公司化的国外监管实践

尽管仍有国家和地区对交易所是否进行公司化改革存有疑虑，但公司化的证券交易所早已成为全球证券市场的主要提供商，❶ 而无论是已经批准证券交易所实行公司化的国家还是对证券交易所公司化仍然踌躇不前的国家，对于公司化的证券交易所之监管焦点或主要疑虑均在于如何化解或减缓公司化的证券交易所所担负的保护公共利益和追求其自身商业利益之间的冲突。

美国学者斯塔夫罗斯·格丁尼斯和豪威尔·E. 杰克逊认为，在世界范围内存在三种明显不同的对证券市场监管权予以分配的模式，他们把这三种模式归结为：把证券监管权保留在中央政府但中央政府拥有相对受限的执法机制的政府主导模式（代表性国家为法国、德国和日本）、赋予市场参与者在履行其义务方面较多余地但依赖政府机构设定一般性的监管政策并由其保留一些执法能力的灵活模式（代表性国家和地区为英国、澳大利亚和中国香港）以及给予市场参与者在证券监管所及的几乎所有方面都享有广泛权利但同时赋予有强大执法权的政府机构以强大的监管证券市场活动的权力的合作式（代表性国家为美国和加拿大）。该两学者认为，相同模式的国

---

❶ Regulatory Issues Arising from Exchange Evolution: "*a Report of the Technical Committee of the International Organization of Securities Commissions*", November 2006, 载 http: //www. iosco. org/library/pubdocs/pdf/IOSCOPD225. pdf.

家在应对证券交易所公司化改革所带来的挑战时也采取了相似的路径：政府主导模式的国家通过提高政府监管的效率来应对交易所的非证券化，这些国家对其行政机构的组织进行重新洗牌，增强本已很强大的监管权力；灵活模式的国家则缩减自律组织的权力并加强行政机构对其的监管，但这些国家的行政机构一直坚持一种与市场参与者合作的监管哲学，因而更典型地使用发布指导而非强制性规则的方式进行监管；而在合作式的国家中，由于交易所的监管权力涉及很多领域但该等权力都是在监管机构的监管下行使，因而这些国家发展出将交易所的监管活动与其市场运营活动相隔离的机制，而不是实质性地限制自律本身。❶

为化解或减缓公司化的证券交易所所担负的保护公共利益和追求其自身商业利益之间的冲突，已经实行证券交易所公司化改革的国家主要采取如下具体监管措施。❷

1. 治理安排（governance arrangements）

治理安排主要体现在对董事会构成的调整上，许多国家强调董事会成员中应有一定比例的独立董事或者代表公共利益的董事成员。例如，巴西规定证券交易所必须有两名独立董事，其中一名代表上市公司而另外一名代表自然人投资者；瑞士和意大利对证券交易所的董事有"合适"的任职资格要求；印度则要求证券经纪人的代表在董事会中的人数不得超过25%，而印度的证券与交易委员会任命代表公共利益的董事占25%，剩下的50%由股东选举。

---

❶ Stavros Gadinis and Howell E. Jackson：Markets as Regulators：A Survey. *Southern California Law Review*，Vol. 80，2007，pp. 1239～1382.

❷ 以下措施的总结除了有特别说明外，均参考 Regulatory Issues Arising from Exchange Evolution，*a Report of the Technical Committee of the International Organization of Securities Commissions*，November 2006，载 http：//www. iosco. org/library/pubdocs/pdf/IOSCOPD225. pdf.

2. 将证券交易所的部分或全部监管功能予以分离或转移

由于担心公司化后的证券交易所会为了商业利益而降低监管标准，或者滥用监管权去打击竞争对手，因此，将证券交易所的部分或全部监管功能予以分离或转移就成了许多国家的选择。一些国家在证券交易所下建立专门的相对独立的子公司，把所有的监管职能都转移到该子公司，这些子公司直接向证券交易所的 CEO 或董事会报告，例如，澳大利亚证券交易所就实行该等作法；还有一些国家和地区把某些与证券交易所有明显利益冲突的监管权交给证券监管当局，例如，澳大利亚、加拿大、日本、马来西亚、新加坡和中国香港把证券交易所自身上市决定的这一权力交给各自的证券监管当局；有些国家和地区则更为彻底，把绝大部分或所有的监管权都交给了证券监管当局或其他独立的监管机构，如香港交易所公司化后，其不再拥有监管经纪商的权力，而对上市公司的监管权力也与证监会分享，[1] 又如 2007 年 7 月 30 日美国金融业监管局（FINRA）宣布作为美国最大的一个非政府规制组织成立运行，其职能包括纽约泛欧交易所证券交易所的会员监管、执法和仲裁职能，[2] 2010 年 6 月 14 日纽约泛欧证券交易所和 FINRA 又宣布之前双方达成的关于纽约泛欧交易所目前拥有的市场监管和执法功能转由 FINRA 承担的协议即时生效，根据协议，FINRA 承担纽约泛欧证券交易所的股票和期权市场监管职能。[3]

---

[1] Exchange Demutualization in Emerging Markets: *a Report of Emerging Markets Committee of the International Organization of Securities Commission*, 2005，载 http://www.iosco.org/library/pubdocs/pdf/IOSCOPD200.pdf.

[2] 美国金融业监管局网站，http://www.finra.org/Newsroom/NewsReleases/2007/P036329.

[3] 美国金融业监管局网站，http://www.finra.org/Newsroom/NewsReleases/2010/P121622.

3. 所有权限制

对所有权的限制主要有三种途径：（1）对股东尤其是控股股东或主要股东的资格附加要求，例如法国；（2）当股份超过某一比例时应履行向监管机构报告或公开披露的义务，当然这在很多国家，这一义务不仅仅针对证券交易所，而是针对所有的上市公司；（3）对每一股东所持有的股权比例给予限制（有些国家和地区同时给予监管当局批准更高比例的权限，但有些国家和地区则不赋予监管当局这一权限）。例如，新加坡规定任何人在取得达到或超过5%的证券交易所股权前都必须通知并获得监管当局的同意，而在成为证券交易所12%或20%的控股股东或控制人前都必须获得监管当局的事前同意。中国香港地区法律则规定任何在获得证券监管当局批准前都不得成为持有证券交易所5%以上股权的股东。

4. 监管安排（oversight arrangements）

各国对公司化后的证券交易所普遍增加了一些监管安排，主要包括证券监管当局会现场评估交易所是否有足够的资源来实现其监管功能（如加拿大、马来西亚和新加坡）、要求证券交易所提交定期报告（如澳大利亚、加拿大、法国、意大利）、对证券交易所进行年度审计、对证券交易所财务指标提出要求（如加拿大和英国）、对证券交易所监管收入的用途作出限制（如英国）等，一些国家还要求证券交易所在某些特殊的情况下需要获得事先批准，例如介入合并或战略联盟以及影响交易所收费的一些变化。❶

---

❶ Exchange Demutualization in Emerging Markets：*a Report of Emerging Markets Committee of the International Organization of Securities Commission*，2005，载 http：//www. iosco. org/library/pubdocs/pdf/IOSCOPD200. pdf.

三、我国对股份转让公司的监管实践

（一）我国目前对股份转让公司与对证券交易所监管内容的比较

为了更直观地了解我国对目前仅有的一家公司化全国性证券交易场所——股份转让公司的监管特性，笔者根据《证券法》、中国证监会颁布的《全国中小企业股份转让系统有限责任公司管理暂行办法》❶ 和《证券交易所管理办法》等规定，比较了目前中国证监会对目前唯一的公司化全国性证券交易场所与对非公司制的沪深证券交易所监管内容的主要异同，如表 5 所示。

表 5　中国证监会对新三板和沪深证券交易所监管内容的主要异同

序号	中国证监会监管内容	新三板	沪深证券交易所（非公司制证券交易所）	备注
1	股东的资格及持股比例	需符合中国证监会的相关规定	不适用	沪深证券交易所的会员的资格应在交易所的章程中规定，而章程的制定和修改需要获得中国证监会批准

---

❶　目前对股份转让公司的监管内容很多涉及行政许可或行政审批事项，该等事项的依据是《全国中小企业股份转让系统有限责任公司管理暂行办法》，笔者认为，根据《中华人民共和国行政许可法》的规定，作为部门规章的《全国中小企业股份转让系统有限责任公司管理暂行办法》是无权创设行政许可的，而即使该等监管事项被界定为非行政许可的行政审批事项，也应由国务院作出决定。

续表

序号	中国证监会监管内容	新三板	沪深证券交易所（非公司制证券交易所）	备注
2	新增股东或原股东转让所持股份	报中国证监会批准	不适用	沪深证券交易所的会员的加入和退出程序应在交易所的章程中规定，而章程的制定和修改需要获得中国证监会批准
3	董事长、副董事长、监事会主席及高级管理人员	由中国证监会提名，任免程序和任期遵守《公司法》和全国股份转让系统公司章程的有关规定	会员理事由会员大会选举产生。非会员理事由证监会委派，非会员理事人数不少于理事会成员总数的1/3，不超过理事会成员总数的1/2。理事长、副理事长由证监会提名，理事会选举产生。总经理由中国证监会任免❶	—
4	专门委员会	需根据需要设立，专门委员会的组成及议事规则报中国证监会备案	根据需要，交易所理事会可以下设其他专门委员会。各专门委员会的职责、任期和人员组成等事项，应当在证券交易所章程中作出具体规定	—

---

❶ 根据《证券交易所管理办法》，中层干部的任免需报中国证监会备案，财务、人事部门负责人的任免报证监会批准，但上述备案和批准要求已被《国务院关于第三批取消和调整行政审批项目的决定》取消。

续表

序号	中国证监会 监管内容	新三板	沪深证券交易所 （非公司制证券交易所）	备注
5	章程的制定和修改	须经中国证监会批准；中国证监会有权要求全国股份转让系统公司对其章程进行修改	必须经中国证监会批准	—
6	业务规则的制定和修改	基本业务规则的制定和修改需经中国证监会批准，其他业务规则的制定和修改报中国证监会备案，专项财务管理规则报中国证监会备案；中国证监会有权要求股份转让公司对业务规则进行修改	制定和修改业务规则需报证监会批准（业务规则包括上市规则、交易规则、会员管理规则及其他与证券交易活动有关的规则）；证监会有权要求证券交易所对其业务规则进行修改	深沪交易所均通过自身制定的业务规则制定办法将需要报中国证监会批准的规则界定为"基本业务规则"或"基础性业务规则"
7	挂牌/上市新的证券品种	需经中国证监会批准	需经中国证监会批准	—
8	新的股份转让方式	需经中国证监会批准	需经中国证监会批准	—
9	暂停或终止挂牌/上市决定	报中国证监会备案	报中国证监会备案	—
10	技术性停牌措施、临时停市	报告中国证监会	报告中国证监会	—
11	采取自律监管措施	报中国证监会备案	未规定	—

续表

序号	中国证监会 监管内容	新三板	沪深证券交易所 （非公司制证券交易所）	备注
12	资金用途	收取的资金和费用应当符合有关主管部门的规定，并优先用于维护和完善相关技术系统和设施；应当制定专项财务管理规则，并报中国证监会备案；应当从其收取的费用中提取一定比例的金额设立风险基金，风险基金提取和使用的具体办法，由中国证监会另行制定	收取各种费用的收取标准及收取方式应当报收费主管部门备案；证券交易所可以自行支配的各项费用收入，应当首先用于保证其证券交易场所和设施的正常运行并逐步改善；证券交易所应当从其收取的交易费用和会员费、席位费中提取一定比例的金额设立风险基金。风险基金由证券交易所理事会管理，风险基金提取的具体比例和使用办法，由国务院证券监督管理机构会同国务院财政部门规定	—
13	报告及信息提供义务	向中国证监会报告股东会、董事会、监事会、总经理办公会议和其他重要会议的会议纪要，全国股份转让系统运行情况，全国股份转让系统公司自律监管职责履行情况、日常工作动态以及中国证监会要求报告的其他信息；其他报告义务，比照执行证券交易所管理有关规定	向中国证监会报告异常的交易情况；交易所对上市公司年度报告、中期报告的检查情况应报告证监会；❶应向中国证监会提交交易所经审计的财务报告；就业务情况、国家有关法律、法规、规章、政策的执行情况等向证监会提交季度、年度工作报告；遇有重大事项，证券交易所应当随时向证监会报告；证券交易所或其高级管理人员因履行职责涉及诉讼或者依照国家有关法律、法规、规	

---

❶ 根据《证券交易所管理办法》，证券交易所会员大会文件需报中国证监会备案，但上述备案要求已被《国务院关于取消第二批行政审批项目和改变一批行政审批项目管理方式的决定》取消。

序号	中国证监会监管内容	新三板	沪深证券交易所（非公司制证券交易所）	备注
13	报告及信息提供义务		章应当受到解除职务的处分时，证券交易所应当及时向证监会报告。证券交易所应当根据证监会的要求，向证监会提供证券市场信息、业务文件和其他有关的数据、资料；证监会有权要求证券交易所提供会员和上市公司的有关资料	—
14	检查	中国证监会依法对全国股份转让系统公司进行监管，开展定期、不定期的现场检查，并对其履职和运营情况进行评估和考核，对全国股份转让系统公司及相关人员违反本办法规定，在监管工作中不履行职责，或者不履行本办法规定的有关义务，中国证监会比照证券交易所管理有关规定进行查处	证监会有权派员监督检查证券交易所的业务、财务状况，或者调查其他有关事项。证监会有权对交易所有关人员进行处分或处罚	—

从表5可看出，中国证监会目前对股份转让公司的监管主要体现为所有权限制（第1~2项）、治理安排（第3~4项）、规则审批（第5~6项）、信息提供与重大事件审批（第7~13项），中国证监会对股份转让公司的监管与对证券交易所的监管内容的区别主要有

以下几点：（1）针对股份转让公司的公司性质，规定股东的资格和持股比例都须符合中国证监会的相关规定，❶ 而新增股东或原股东转让所持股份须经中国证监会批准。而证券交易所的会员资格和加入与退出的程序，只需在章程中作出规定，虽然章程本身也需要中国证监会修改，但中国证监会不会就每一会员的加入与退出进行审批。（2）中国证监会要求证券交易所理事会的成员中须有至少1/3的是由中国证监会委派的非会员理事，而中国证监会对股份转让公司的董事会成员构成的任免并无相类似的要求。（3）中国证监会要求股份转让公司对相关当事人采取自律措施的，应报中国证监会备案，而对证券交易所则无此要求。

（二）我国目前对股份转让公司与对证券交易所的监管内容之比较结果分析

从上文的比较可得知，除了增加对所有权的限制外，中国证监会对股份转让公司的监管内容与对沪深证券交易所的监管内容没有实质性的区别，笔者认为，造成此种结果的原因主要有如下三个方面。

（1）无论是沪深证券交易所的设立还是股份转让公司的设立，均是政府主导的行为，沪深证券交易所的发展也基本仰赖于政府的支持和决策，股份转让公司在可预见的未来的发展也将难以脱离这

---

❶ 中国证监会关于股份转让公司的股东资格和持股比例的相关规定目前尚未出台。目前股份转让公司的股东为上海证券交易所、深圳证券交易所、中国证券登记结算有限责任公司、上海期货交易所、中国金融期货交易所、郑州商品交易所、大连商品交易所。

一轨道,❶ 因此，无论形式上为会员自治的沪深证券交易所还是股东所有的股份转让公司，其产权实际上都属于政府，这种产权归属上的一致性从根本上决定了政府对两者的监管思路和主要的监管内容、方式不会有实质性的区别。

（2）由于产权归属实质没有变化，且在"政府即公共利益代表者"的理念支持下，其他国家所担心的公司化的证券交易所或其他市场组织者所担负的保护公共利益和追求其自身商业利益之间的冲突问题，在我国监管机构绘制对股份转让公司的监管设计蓝图时就限缩为如下问题：当市场组织者变更为公司这种产权流动性和可变性较强的组织形式后，如何确保政府的控制性产权所有者地位不会被替代。因此，与对非公司化的沪深证券交易所的监管相比，对股份转让公司的股东资格及其持股比例作出要求并将新增股东或原股东转让所持股份的审批权分配给政府监管机构势必成为对股份转让公司的主要监管内容之一。而将股份转让公司董事长、副董事长、监事会主席及高级管理人员的提名权归属于政府监管机构更是加强了政府从公司的内部治理方面对公司的控制力。

（3）虽然从组织形式上看股份转让公司是公司，但目前股份转让公司并没有明确其"营利性公司"的性质，反而强调其在中国证监会领导下的服务和监管职责，❷ 而其目前的股东也是中国证监会强力控制下的几大交易所（上海证券交易所、深圳证券交易所、上海

---

❶ 据笔者了解，新三板推出后至笔者搁笔时，对于是否到新三板挂牌，持观望者居多，新三板的交易也极其不活跃，各地政府为了政绩需要推出多种措施鼓励企业到新三板挂牌，有些地方政府甚至层层下达挂牌指标。

❷ 笔者从公开资料上未能找到股份转让公司的章程，该判断主要来自全国中小企业股份转让系统网站的公司介绍，http：//www. neeq. com. cn/gygs/201303/t20130311_416489. htm.

期货交易所、中国金融期货交易所、郑州商品交易所、大连商品交易所）和中国证券登记结算有限责任公司，因此现阶段的股份转让公司仍然摆脱不了实质上为中国证监会附属机构的角色定位，而中国证监会对在这一角色定位下的股份转让公司自然不会与目前证券交易所的监管内容有实质性的不同。

四、我国对公司化证券交易所的未来监管模式选择

自斯德哥尔摩证券交易所第一个实行公司化（非互助化）改革以来，证券交易所的公司化浪潮席卷世界各国。虽然证券交易所公司化是否确实给证券交易所的经营带来正面的影响尚存争议，❶ 但其他国家证券交易所公司化改革、并购的浪潮及随之而来的市场规模的扩张，都迫使我国深沪交易所的管理层乃至中国证监会都不得不考虑深沪交易所的公司化改革问题。❷ 由于沪深证券交易所是我国目前仅有的两家证券交易所，政府的人为安排使得沪深证券交易所处于垄断地位，没有国内竞争的压力，因而与其他绝大多数存在相同情况的发展中国家一样，我国推动沪深证券交易所改革的最大动因

---

❶ 相关讨论可参考 Baris Serifsoy：Demutualization, Outsider Ownership, and Stock Exchange Performance：Empirical Evidence Economics of Governance, *Springer*, vol. 9（4），pp. 305 ~ 339，October 2008.

❷ 例如，据媒体报道，2012 年 7 月中旬，上海证券交易所和深圳证券交易所召开了关于股份制改革的讨论会，见经济观察网 http：//www. eeo. com. cn/2012/0730/230899. shtml，2012 年 7 月 30 日；又如全国人大代表、证监会上市一部主任欧阳泽华联合 60 多名全国人大代表提交了关于修改证券法的议案，建议将证券法修改纳入全国人大常委会五年立法规划和 2013 年立法计划，建议从十四方面重点修改完善证券法，其中一方面就是"明确交易所职责定位，完善交易所制度体制，在完善会员制交易所制度的同时，增加公司制交易所制度"，见中证网 http：//www. cs. com. cn/xwzx/zq/201303/t20130311_ 3892257. html，2013 年 3 月 11 日访问。

必将是监管层希望保持沪深证券交易所在国际证券市场的竞争地位（尤其是通过利用公司这一组织形式筹集资金，应对日新月异的技术更新要求，甚至并购其他证券交易所以确保竞争地位），公司化改革也势必是政府主导的结果，因此，笔者认为，在可预见的将来，我国对公司化的证券交易所也必将延续对目前对沪深证券交易所及股份转让公司进行监管的政府主导模式，监管的具体内容则可在借鉴对股份转让公司监管实践并结合证券交易所自身特色的基础上予以设计，并至少可以从以下几个方面对现有的相关监管规定予以完善。

（1）关于所有权的限制。采取所有权限制之措施的主要目的是避免因单一股东或少数几个股东控制证券交易所，从而使得证券交易所更容易因服从于控股股东的逐利要求而使其监管职能与商业利益发生严重冲突，同时与股权分散的交易所相比，监管机构更难以控制或监管拥有控股股东的证券交易所。许多国家都在5%～15%选择一个比例作为每一股东持股的上限，这样既能保证所有权限制措施之主要目的的实现，又能节省监管成本。而如果对任一持股比例的变化都加以审批的话，势必带来不必要的监管成本支出，因此目前对股份转让公司的相关监管要求（即规定股份转让公司新增股东或原股东转让所持股份均需经中国证监会批准）有过度监管之嫌，未来对公司制证券交易所的监管应避免作类似要求。借鉴其他国家的做法及目前我国对证券公司等公司监管的实践，笔者认为规定持股达到5%以上需经中国证监会批准是合适的。

（2）关于治理安排。未来对公司化交易所的治理安排，笔者认为应在满足股东利益诉求和监管机构保护公共利益的需求中寻求一个平衡，如果忽视前者，则可能会背离公司化改革的初衷，而如果忽视后者，则不但会损害公众利益，也终究会损害交易所的利益。

在此原则下，笔者认为可以在遵循我国目前《公司法》相关规定的基础上对公司化交易所的公司治理作如下的特别安排：①保留目前对股份公司的监管要求中关于董事长、总经理提名权归属于中国证监会的规定，对于副董事长、监事会主席和总经理之外的高级管理人员的提名权，可遵循目前《公司法》的规定或由公司章程自行规定。这样设计的理由是：根据我国《公司法》的规定，董事长和总经理可以作为公司的法定代表人，而实践中这两个职位也是最为重要的职位，而副董事长只是在董事长无法履行职责时的一个辅助性职位，监事会主席只是一个监事会召集人的角色，至于除总经理之外的高级管理人员，从《公司法》的规定看，总经理对该等人员有提请董事会聘任或者解聘的权利或者直接聘任或者解聘的权利，因此，从重要性和可控性角度看，除董事长和总经理外，副董事长、监事会主席和其他高级管理人员均无必要由中国证监会通过直接提名的方式予以控制。②参考现行上市公司的相关规定，要求公司制的交易所董事会成员中必须有 1/3 以上由中国证监会提名的代表公共利益的董事。作出这一设计的理由是：公司的许多重大决策是由董事会而非管理层作出，而即使是在管理层层面，中国证监会提名的总经理在作为交易所的总经理期间，也无法排除其会有自身的利益打算而使交易所陷入内部人控制的困境，因而有必要在董事会层面安排代表公共利益的人员，发挥公共利益代言人和监督者的作用。

（3）关于监管安排。除了目前规定的一些重大事项，还应针对公司制证券交易所的特点增加其他一些需经中国证监会批准的事项，例如交易所的重大对外投资、合并、分立、上市、发行债券等事项。此外，笔者认为，应加强对交易所自律监管措施的监管，借鉴美国的做法，赋予中国证监会受理被监管对象对交易所采取的自律监管措施不服时提起的申诉的权力，另外如果未来证券交易所增加征收违约金或罚款等金钱罚类的纪律处分时，还应规定该等资金须与其业务收入区隔并仅能用于监管或投资者保护用途。

余　论

　　目前中国证券市场的两大主要监管者——中国证监会和证券交易所都是有别于行政机关的非传统、非典型的承担公务的组织，两者享有的公权力都不是来源于组织法，前者的公权力来源于法律法规的授权，后者则来源于法律法规的授权和前者授权立法中的明确规定、与组织成员或相关人员的协议或中国证监会的委托。由于法律地位和权力来源的特殊性及我国以行政机关为核心构建的公权法律体系现状，该等组织在履行监管等公共职能时就容易面临着该等权力的行使是否有足够的合法性基础之质疑。同时，如何去制约该等组织对公权力的行使，例如如何界定其行使的是公权力、其行使公共权力时应遵循的程序、其行使公权力时应赋予被监管对象哪些必要的权利、该等组织的可问责性及如何问责等问题都是需要我国行政法学界研究解决的问题。随着新公共管理运动在各国轰轰烈烈的开展，"政府再造""政府瘦身"等计划早已从纸面进入实施阶段，我国亦不例外，各种承接政府职能的非政府组织纷纷出现，突显了上述问题研究的迫切性。而由于参与证券市场人员的众多、证券市场要素的复杂性和专业性，上述问题在证券市场监管领域更需要得到关注和谨慎的对待。

　　本书的研究可以说是对证券市场监管领域存在的上述问题的一

个尝试性回应。在本书中，笔者首先关注了中国证券市场监管权的配置，然后系统地分析了我国最重要的证券监管机构——中国证监会在从事立法、行政许可、行政调查、行政处罚、非行政处罚性监管措施等主要公权活动时存在的问题，最后对我国另一重要的证券监管机构——证券交易所监管活动存在的问题、纪律处分机制、对证券交易所证券监管权的司法监督以及未来证券交易所公司化后对其的监管模式选择进行了研究。在本书的研究过程中，笔者着力分析了作为非传统、非典型公务组织的中国证监会和交易所在行使公权力时所面临的困境以及被监管对象所面临的如何保护其权利不受上述两组织非法侵害的困境，并提出解困建议。本书的研究可以说是这一领域并不多见的系统性研究，但并非全面的研究（当然，面对犬牙交错的社会现象和社会问题，要想进行全面的研究也是不可能的），例如本书并不专门研究受中国证监会监管的对象的权利在受到中国证监会的侵犯时的司法救济，只是在各专题研究时略有涉及，但这并不代表该问题的专门性研究是可以忽略的，相反，笔者认为这一问题是非常值得日后另辟一课题进行专门性研究的。此外，本书也未涉及中国证监会法律地位未来变革模式的探讨，笔者认为这一问题必须与我国事业单位的改革及统一金融监管体系的建立之探讨相结合，而局限于研究的时间和笔者目前的研究能力，这一问题也只能留待将来加以研究。

已解决或似乎已解决的问题太少，而未解决、尚待解决的问题太多，以至于笔者在搁笔之际，未有任何轻松之感，反而心中充满了"路漫漫其修远兮，吾将上下而求索"的沉重使命感。

附录 访谈提纲

一、到证券监管部门访谈提纲

1. 中国证监会、证券交易所与证券业协会的分工合作情况？

2. 中国证监会及其派出机构对上市公司的监管与证券交易所是如何分工和合作的？派出机构日常主要如何监管上市公司？是否会造成与交易所的重复监管？

3. 中国证监会及其派出机构对证券公司的日常监管与交易所是如何分工和合作的？

4. 证券交易所与证券业协会的职能是否存在交叉或冲突？

5. 中国证监会稽查局、稽查总队、九个大区稽查局、派出机构、行政处罚委员会在证券违法行为的立案、调查、处罚、执行方面的职能如何分工？

6. 中国证监会及派出机构除稽查部门以外的职能部门（如上市公司监管部）收到举报或其他案件线索后，是否有进行初步调查、审查或非正式调查的义务？还是直接移送给稽查部门？

7. 中国证监会及派出机构调查结果（无论是否处理）是否均要书面通知相对人？

8. 中国证监会及派出机构对违法的调查活动是否公开？如果存

在公开与不公开两种，那么公开与不公开的标准是什么？

9. 中国证监会及派出机构开始进行调查时是否向被调查人说明实施调查的原因、依据以及进行调查的方法？

10. 中国证监会及派出机构调查结束且决定对被调查人作出非行政处罚性的行政处理前，是否会说明作出该等行政调查结论的理由，并以书面方式通知被调查人，是否允许被调查人进行陈述和申辩，并告知其依法享有的权利？

11. 中国证监会及派出机构调查结束后决定不予处理的，是否会通知被调查人？书面还是口头通知？

12. 中国证监会及派出机构调查过程中是否允许被调查人有律师或其他顾问在场提供咨询或协助？

13. 中国证监会及派出机构有无相关调查规则？如无，则具体如何执行，相对人的权利、义务有哪些？

14. 证券交易所对上市公司的违法行为有无调查权？

15. 中国证监会在对行政相对人作出行政处罚时会遵循什么样的程序？

16. 中国证监会及派出机构在决定对行政相对人采取非行政处罚性监管措施时会遵循什么样的程序？是否给予《行政处罚法》中规定的权利人享有的权利，如给予相对人事前申辩的机会或告知相对人救济的权利？

二、向被监管对象（上市公司、证券公司、保荐代表人）访谈提纲

1. 贵公司运作过程中遇到相关信息披露等证券问题时，经常打

交道的是哪些机构？为什么？

2. 日常运作过程中哪些证券监管部门会经常主动与贵公司联系？

3. 贵公司在日常运作中收到的证券监管部门的监管要求之频次情况怎样？对于这些监管要求贵公司有何看法，例如必要性和执行成本？

4. 贵公司是否曾经受到中国证监会或其派出机构或证券交易所的非正式或正式的调查？相关情况和调查的具体程序是怎样的？对于上述监管机构的调查程序，贵公司认为哪些地方有待改进？

5. 根据公开披露的信息，听说贵公司/您曾经受到中国证监会（或其派出机构）/证券交易所的处罚、处分（或被约见谈话等非行政处罚性监管措施），相关情况及程序是怎样的？在这一事件中，贵公司/您认为上述监管机构有哪些做法需要改进？

主要参考文献

著　作

1　曹里加.证券执法体系比较研究.北京：北京大学出版社，2008

2　陈家刚.协商民主.上海：上海三联书店，2004

3　陈洁.证券法的变革与走向.北京：法律出版社，2011

4　方洁.社团处罚研究.北京：法律出版社，2009

5　郭峰.中国资本市场法律前沿（第1辑）.北京：知识产权出版社，2007

6　［德］哈特穆特·毛雷尔著.行政法学总论.高家伟译.北京：法律出版社，2000

7　金泽刚.证券市场监管与司法介入.济南：山东人民出版社，2004

8　刘建军.行政调查正当程序研究.济南：山东大学出版社，2010

9　刘俊海.中国资本市场法治前沿.北京：北京大学出版社，2012

10　刘俊海.中国资本市场法治评论（第三卷）.北京：法律出版社，2011

11　马洪雨.论政府证券监管权.北京：法律出版社，2011

12　［新西兰］迈克尔·塔格特.行政法的范围.金自宁译.北京：中国人民大学出版社，2006

13　尚福林.证券市场监管体制比较研究.北京：中国金融出版社，2006

14　王名扬.美国行政法.北京：中国法制出版社，2005

15　翁岳生.行政法.北京：中国法制出版社，2002

16　吴伟央.证券交易所自律管理的正当程序研究.北京：中国法制出版

社，2012

17　席涛.美国管制：从命令—控制到成本—收益分析.北京：中国社会科学出版社，2006

18　谢增毅.公司制证券交易所的利益冲突.北京：社会科学文献出版社，2007

19　徐明.判例与原理：证券交易所自律管理司法介入比较研究.北京：北京大学出版社，2010

20　[日] 盐野宏著.行政法总论.杨建顺译.北京：北京大学出版社，2008

21　杨小君.行政处罚研究.北京：法律出版社，2002

22　叶必丰，周佑勇.行政规范研究.北京：法律出版社，2002

23　应松年.当代中国行政法.北京：中国方正出版社，2004

24　张育军，徐明.证券法苑（第一卷）.北京：法律出版社，2009

25　张育军，徐明.证券法苑（第三卷）.北京：法律出版社，2010

26　Michael J. Missal, Richard M. Phillips. *Securities Enforcement Manual*：*Tactics and Strategies*. 2nd Ed. 2007

27　James D. Cox, Robert W. Hillman and Donald C. Langevoort. *Securities Regulation*：*Cases and Materials*. 6th Ed. Aspen Publisher, 2012

28　Lissa L. Broome, Jerry W. Markham. *Regulation of Bank Financial Service Activities*：*Cases and Materials*. 4th Ed. Thomson Reuters, 2011

期刊论文

29　陈太清.特别权力关系与司法审查.河北法学，2005（5）：108~111

30　陈宇.证券监管中行政诉讼风险防范的法律思考.证券市场导报，2006（6）：4~11

31　方流芳.证券交易所的法律地位——反思"与国际惯例接轨".政法论坛，2007（1）：63~78

32　高基生.德国证券市场行政执法机制研究.证券市场导报，2005（4）：36~41

33 高西庆.论证券监管权——中国证券监管权的依法行使及其机制性制约.中国法学，2002（5）：3～13

34 贺林波，周其林.中国证券监管机构的若干法律问题探讨.湖南农业大学学报（社会科学版），2001（2）：51～53

35 黄江东.《行政强制法》与证券监管执法若干问题辨析.国家行政学院学报，2011（6）：85～88

36 蒋大兴.隐退中的权力型证监会——注册制改革与证券监管权之重整.法学评论，2014（2）

37 康耀坤.证监会与证券业协会监管权配置研究.甘肃社会科学，2010（6）：186～188

38 赖声利，叶阳.行政调查权探析.法制与社会，2008（4）：145～146

39 李诗林.论行政许可设定范围的合理界定——对《行政许可法》第13条的批判性思考.行政法学研究，2008（2）：69～73

40 刘庆，王立勇.高校法治与特别权力关系.政法论坛，2004（6）：154

41 鲁篱.自治如何形成——对证券交易所法律地位的历史比较.现代法学，2004（4）：128～133

42 罗培新.试析新《证券法》背景下证券业协会的定位与功能.中国证券，2006（1）：43～45

43 马怀德.公务法人问题研究.中国法学，2000（4）：40～47

44 马江河，马志刚.美国SEC行政执法机制研究.证券市场导报，2005（10）：19～26

45 彭冰，曹里加.证券交易所监管功能研究——从企业组织的角度.中国法学，2005（1）：83～90

46 王峰.行政诉讼、民事诉讼与刑事诉讼之比较研究——从制度属性的视角.行政论坛，2013（1）：69～74

47 伍坚.股东提案权制度若干问题研究.证券市场导报，2008（5）：63～75

48 徐明，卢文道.证券交易所自律管理侵权诉讼司法政策——以中美判例为

中心的分析.证券法苑，2009（1）：1~45

49 徐明，卢文道.证券交易所业务规则法律效力与司法审查.证券法苑，2010
（2）：261~272

50 袁曙宏，苏西刚.论社团罚.法学研究，2003（5）：58~70

51 Baris Serifsoy, Demutualization. Outsider Ownership, and Stock Exchange Per-
formance: Empirical Evidence Economics of Governance. *Springer*, vol. 9
（4），October 2008：305~339

52 Benjamin J. Warach, Mandatory Securities Arbitration after FINRA Rule 12403
（D）: the Debate Remains the Same. *PIABA Bar Journal*, 2011：109~138

53 Benjamin L. Liebmanal, Curtis J. Milhaupt. Reputational Sanctions in China's
Securities Market. *Columbia Law Review*, May 2008：929~982

54 Dick W. P. Ruiter. Is Transaction Cost Economics Applicable to Public Govern-
ance?. *European Journal of Law and Economics*, 2005（20）：287~303

55 Eric C. Chaffee. Finishing the Race to the Bottom: An Argument for the Harmo-
nization and Centralization of International Securities Law. *Seton Hall Law Re-
view*, 2010：1581~1618

56 Kenneth B. Orenbach. A New Twist to an On–going Debate about Securities
Self–Regulation: It's Time to End FINRA's Federal Income Tax Exemption.
Virginia Tax Review, Summer 2011：135~204

57 Oliver E. Williamson. Public and Private Bureaucracy: A Transaction Cost Eco-
nomics Pespective. *The Journal of law, Economics, and Organization*, 1999.
V15（N1）：306~342

58 Roberta S. Karmel. Should Securities Industry Self–regulatory Organizations be
Considered Government Agencies?. *Stanford Journal of Law, Business & Fi-
nance*, Fall 2008：151~301

59 Stavros Gadinis, Howell E. Jackson. Markets as Regulators: A Survey. *Southern
California Law Review*, Vol. 80, 2007：1239~1382

60　Steven J. Cleveland. The NYSE as State Actor? Rational Actors, Behavioral Insights & Joint Investigations. *American University Law Review*, October 2005: 1 ~ 80

61　Susan L. Merrill, Matthew L. Moore and Allen D. Boye. Sharper and Brighter: Focusing on Sanctions at the New York Stock Exchange. *NYU Journal of Law & Business*, Fall 2006: 155 ~ 186

网络文章

62　董炯, 彭冰. 公法视野下中国证券管制体制的演进. http: //www. 148cn. org/data/2006/1201/article_ 29111. htm

63　蒋学跃. 关于证券交易所创设违约金监管制度的研究. http: //www. cninfo. com. cn/yjs/index. jsp

64　邵亚良, 汤欣, 郭洪俊. 证券行政执法实效研究——美国、英国和香港地区的经验与启示. 上证联合研究计划第 18 期课题报告, 上海证券交易所网站, http: //www. sse. com. cn/cs/zhs/xxfw/research/plan/plan20081017e. pdf

65　叶林等. 证券交易所监管上市公司法律问题研究. 深圳证券交易所第一期法律研究成果, http: //www. szse. cn/UpFiles/Attach/1903/2005/04/28/1405081875. doc

66　Ana Carvajal and Jennifer Elliott. Strengths and Weaknesses in Securities Market Regulation: A Global Analysis, IMF Working Paper, November 2007, http: //www. imf. org/external/pubs/ft/wp/2007/wp07259. pdf

67　Dale. Arthur Oesterle. Securities Markets Regulation: Time to Move to a Market – Based Approach, https: //www. cato. org/pubs/pas/pa374. pdf

68　Eric J. Pan. Structural Reform of Financial Regulation: The Case of Canada, January 2009. http: //ssrn. com/abstract = 1333385

69　Exchange Demutualization in Emerging Markets. A Report of Emerging Markets Committee of the International Organization of Securities Commission, 2005. http：//www. iosco. org/library/pubdocs/pdf/IOSCOPD200. pdf

70 Helen Bird，Davin Chow，Jarrod Lenne，IanRamsay. ASIC Enforcement Pat-
    terns，Centre for Corporate Law and Securities Regulation，The University of
    Melbour，2004 Research Report. http：//papers. ssrn. com/sol3/papers. cfm?
    abstract_ id = 530383

71 John Carson. Self - Regulation in Securities Markets，Policy Research Working
    Paper 554. http：//econ. worldbank. org

72 Model for Effective Regulation. Report of the SRO Consultative Committee of
    the IOSCO，May 2000. http：//www. iosco. org/library/pubdocs/pdf/
    IOSCOPD110. pdf

73 Objectives and Principles of Securities Regulation. Report of IOSCO in 2003. ht-
    tp：//www. iosco. org/library/pubdocs/pdf/IOSCOPD154. pdf

74 Regulation of Markets Survey 2004. World Federation of Exchanges Report. ht-
    tp：//www. world - exchanges. org/reports/studies - and - surveys/survey -
    regulation - markets - 2004

75 Regulatory Issues Arising from Exchange Evolution. a Report of the Technical
    Committee of the International Organization of Securities Commissions，Novem-
    ber 2006. http：//www. iosco. org/library/pubdocs/pdf/IOSCOPD225. pdf

其　他

76 王舜燮. 中美证券市场监管的稽查执法比较研究. 华东政法学院 2004 年硕
    士学位论文

77 时晋，曾斌，吴锦宇. 中国大陆发审委的法经济学反思. 2012 年度（第十
    届）中国法经济学论坛论文集，2012

后　记

　　我对证券监管权行使的关注最早可追溯至 2001 年。2001 年研究生毕业后，我开始在一家律师事务所从事证券法律服务，在提供法律服务过程中，我深深感受到中国证券监管机构在行使监管权过程中的恣意，体会到被监管对象在面对监管机构时的无力，也苦恼于自己作为一名律师对此却无所作为。我同时还意识到，监管机构恣意固然一方面可归因于相关规则的缺乏，但更可能是公权力的本质使然，因而，对公权力及其约束进行研究，也许不但可以将自己从被证券监管机构及其规则牵着鼻子走之困境中解救出来，还可以为约束其权力贡献智识。抱着这一期待，2004 年，我辞去了律师事务所的工作，回到母校中山大学攻读公共管理学院行政法治方向的博士研究生。三年的跨专业脱产学习，自感获益良多，博士论文的顺利通过以及在 2004 年之后陆续发表的系列关注中国证券监管权的论文也使我在入读博士研究生前的期待渐渐得以实现。本书即是我对证券监管权十多年来的关注与研究的结果，其中部分内容已在国内的核心学术期刊上公开发表，但在本书出版前作了较多的更新和补充。本书所关注的课题还获得了广东省哲学社会科学"十一五"规划 2008 年度青年项目立项资助，且我还因该课题获得美国新墨西哥大学（University of New Mexico）法学院退休教授泰德·帕诺（Ted

Parnall）和美国查普曼大学（Chapman University）法学院教授蒂摩希·A. 卡诺瓦（Timothy A. Canova）的关注并因此获得了在查普曼大学作访问学者的机会。

本书能得以出版，需要感谢的人太多。感谢我的导师刘恒教授，没有他的指引与帮助，我可能无法走出困惑与迷茫；感谢君合律师事务所的黄晓莉、张平、缪晴辉、富君、方海燕、张焕彦、姚继伟等律师，与他们的交流经常会让我获得思想的灵光；感谢我在美国查普曼大学作访问时的合作导师蒂摩希·A. 卡诺瓦教授以及法学院的院长汤姆·坎贝尔（Tom Campbell）教授、苏珊娜 K. 瑞肯（Susanna K Ripken）教授、罗纳尔 L. 斯坦纳（Ronald L. Steiner）博士、凯西 Z. 海勒（Kathy Z. Heller）助理教授和塔尼亚·曹（Tanya Cao）女士，他们为我在美国为期一年的学习访问提供了许多学习及生活上的帮助和便利，使我和儿子在异国他乡感受到了家一般的温暖；感谢中国证监会、广东证监局、深圳证监局、深圳证券交易所的有关领导和工作人员给本人调研提供的热心帮助；感谢广东财经大学公共管理学院的各位同事，他们营造了一个和谐向上的教研氛围，使我始终不敢懈怠。我还要特别感谢我的家人，感谢他们对我的研究工作的支持，尤其感谢我的儿子义戈，在没有熟悉玩伴的孤独环境中坚持陪我度过了在大洋彼岸的一年时光。

我尤其要感谢知识产权出版社的刘江编辑及其同事，没有他们的支持和辛勤付出，本书不可能得以顺利出版。

正如熊培云所言，"因为无力，所以执着"，我的执着也源于我对自己无力的认知。从我关注中国证券监管权的行使开始，已过去 13 个春秋。回首过去的 13 年，中国的法治建设虽然步履艰难，但不可否认的是一直在往前走，至少，"把权力关进制度的笼子里"不再是学界的自娱自乐，而是已经成为公众和执政者的共识。我始终相信，有梦想，就有希望，而执着，就是拉着梦想之船靠岸的纤绳。

最后，我想借用《南方都市报》2013 年的新年献词表达我此刻的心情："我们带着梦想、吹着口哨前行，我们的梦想绝不卑微，我们的现实亦非朽木。你不必像堂吉诃德那样去斗风车，也不必像西西弗斯那样去滚石头，但是，你要相信，有梦想的人海阔天空。"

2014 年感恩节前夕于广州